论语

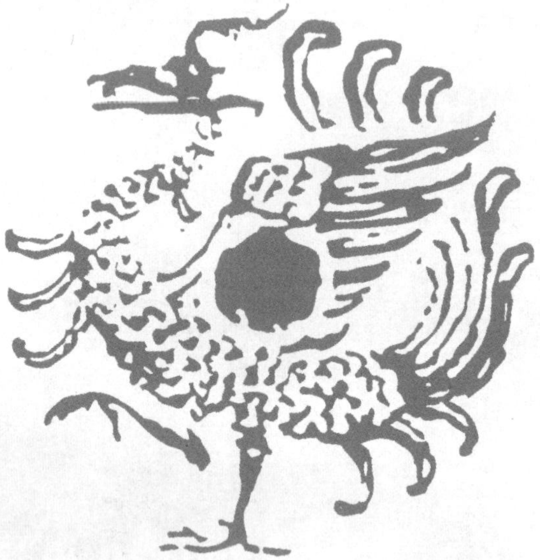

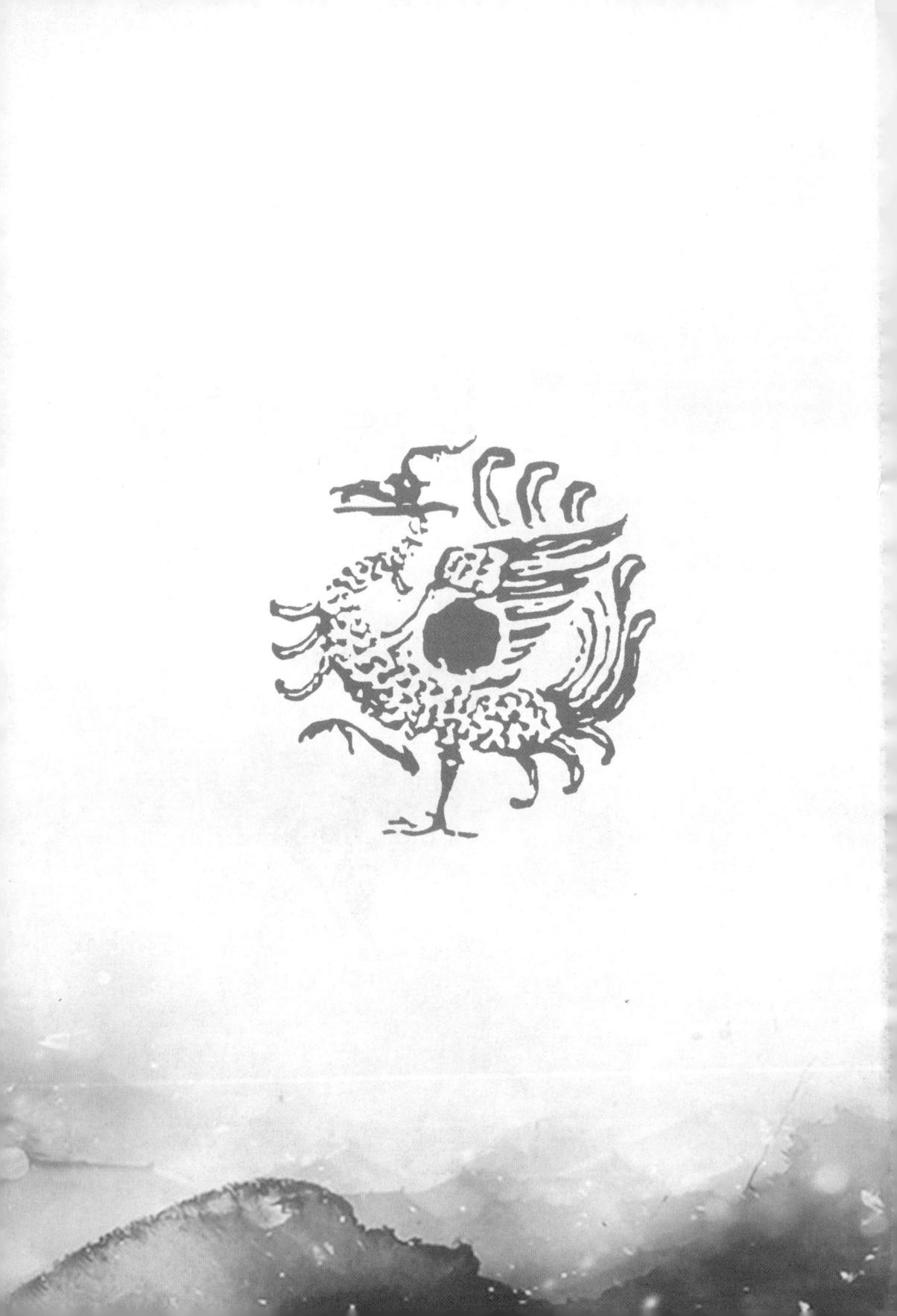

论语

[国学经典丛书]

昭军 译注

科学普及出版社

·北京·

图书在版编目（CIP）数据

论语 / 昭军译注. -- 北京：科学普及出版社，2023.3

（国学经典丛书）

ISBN 978-7-110-10528-3

Ⅰ.①论… Ⅱ.①昭… Ⅲ.①儒家②《论语》—译文③《论语》—注释 Ⅳ.①B222.22

中国国家版本馆CIP数据核字（2023）第023973号

策划编辑	胡　怡
责任编辑	胡　怡
封面设计	余　微
正文设计	余　微
责任校对	焦　宁
责任印制	马宇晨

出　　版	科学普及出版社
发　　行	中国科学技术出版社有限公司发行部
地　　址	北京市海淀区中关村南大街16号
邮　　编	100081
发行电话	010-62173865
传　　真	010-62173081
网　　址	http://www.cspbooks.com.cn
开　　本	710mm×1000mm　1/16
字　　数	244千字
印　　张	18
版　　次	2023年3月第1版
印　　次	2023年3月第1次印刷
印　　刷	德富泰（唐山）印务有限公司
书　　号	ISBN 978-7-110-10528-3 / B・82
定　　价	89.00元

（凡购买本社图书，如有缺页、倒页、脱页者，本社发行部负责调换）

前 言

《论语》是集中体现中国古代儒家思想的一部重要典籍,是记述孔子及其弟子言行的著作,约成书于战国初期。

孔子(公元前551—前479年),名丘,字仲尼,春秋时期鲁国人。孔子是我国古代伟大的思想家和教育家,是儒家学派的创始人,被后世尊称为"孔圣人"。

孔子的父亲叔梁纥曾做过陬邑(今山东曲阜东南)宰,孔子的母亲姓颜,名叫徵在。孔子三岁时丧父,十七岁时丧母。

孔子的核心主张是"礼"和"仁"。孔子生活于春秋晚期,反对以政、刑来强迫人民服从。他所说的"礼"是一种政治秩序,所说的"仁"是最高的道德规范。不过,这种"仁"和"礼"是有上下、尊卑、贵贱、等级之分的。在当时,诸侯为了争霸,更讲究实力,着眼于利,所以未能采纳孔子的主张,孔子也没有被重用。孔子师徒颠沛流离十四年,周游列国,于公元前484年返回鲁国。这时的孔子已是六十八岁白发苍苍的老人了,但他仍用自己的晚年时间,致力于教育,整理《诗》《书》等古代文献,对《春秋》加以删修。

公元前479年,孔子去世,享年七十三岁。孔子的弟子和再传弟子辑录其言论,编成《论语》一书。《论语》记载了孔子的思想学说和教学活动,是研究孔子的重要资料,也是我国十分重要的文化遗产。

《论语》作为孔子及其弟子的言行辑录,内容非常广泛,涉及哲学、政治、经济、教育、文艺等诸多内容,是儒家学派的经典著作,对后世影响深远。

通览全书,可以体会到语录体著作的独特魅力。《论语》语言含蓄隽永,故事简洁生动,用意深远,传神地刻画出人物的个性特征,有鲜明的艺术特色。同时,《论语》灵活的编撰形式,也从多方位、多角度地体现出孔子的思想、品行、才识、趣味、生活环境和所处的时代背景,有利于读者全面系统地了解孔子及其思想。无论从思想价值还是艺术魅力上讲,《论语》都是一部不可不读的国学经典。

品味人生,修身立德,积极进取,中庸处世,方得《论语》之要。

目 录

学而篇第一	1
为政篇第二	9
八佾篇第三	21
里仁篇第四	36
公冶长篇第五	47
雍也篇第六	60
述而篇第七	74
泰伯篇第八	91
子罕篇第九	103
乡党篇第十	119
先进篇第十一	133
颜渊篇第十二	148
子路篇第十三	162
宪问篇第十四	178
卫灵公篇第十五	202

季氏篇第十六 …………………………………………………… 222

阳货篇第十七 …………………………………………………… 232

微子篇第十八 …………………………………………………… 249

子张篇第十九 …………………………………………………… 257

尧曰篇第二十 …………………………………………………… 271

学而①篇第一

一　子②曰:"学而时习之,不亦说乎③?有朋④自远方来,不亦乐乎?人不知,而不愠⑤,不亦君子乎?"

注释

①学而:李炳南《论语讲要》云:"人非生而知之者,故人生来即须求学。学,觉也。学喻开蒙,学然后知不足。故二十篇以'学而'为首。"②子:此称孔夫子。③学而时习之,不亦说乎:时,时常。习,练习。"说"即"悦"。④朋:志同道合者。⑤愠:怨恨。

译文

孔子说:"学习圣贤之道,又能够时时实践、落实,岂不是令人喜悦吗?有志同道合的朋友从远方来,岂不是很快乐吗?当自己的道德学问有所成就时,即使旁人不知道,心里也没有丝毫怨恨,这不正是一个君子的风范吗?"

二　有子①曰:"其为人也孝弟②,而好犯上者,鲜矣;不好犯上,而好作乱者,未之有也③。君子务本,本立而道生。孝弟也者,其为仁之本与!"

注释

①有子：孔子弟子，姓有，名若。②孝弟：弟，同"悌"。善事父母为孝，善事兄长为弟。③不好犯上，而好作乱者，未之有也：孝弟之人处社会，少有好犯上者。不好犯上，则必不好作乱。

译文

有子说："做人孝顺父母、顺从兄长，却喜好触犯上级，这样的人是很少见的；不喜好触犯上级，而喜好悖逆的人是没有的。君子专心致力于根本的事务，根本建立了，治国做人的原则也就有了。孝顺父母、顺从兄长，这就是'仁'的根本啊！"

三　子曰："巧言①令色②，鲜矣仁！"

注释

①巧言：善于辞令。②令色：假装和善的样子。

译文

孔子说："花言巧语，装出和颜悦色的样子，这种人很少有仁德！"

四　曾子①曰："吾日三省吾身——为人谋而不忠乎？与朋友交而不信乎？传不习乎？"

注释

①曾子：孔子弟子，姓曾，名参，字子舆。

译文

曾子说："我每天多次反省自己——为别人办事是不是尽心竭力了？同朋友交

往是不是做到诚实守信了？老师传授给我的学问是不是勤于实践，内化于心了？"

五　子曰："道①千乘之国②，敬事③而信④，节用而爱人，使民以时。"

注释

①道：治理。②千乘（shèng）之国：拥有千辆兵车的国家。乘，古代称一辆由四匹马拉的兵车为一乘。③敬事：敬，谨慎。事，国事。④信：诚信。

译文

孔子说："治理一个拥有千辆兵车的国家，要严谨认真地办理公务而又恪守信用、诚实无欺，节约财政开支而又爱护官吏，役使百姓要不误农时。"

六　子曰："弟子①，入则孝②，出则弟③，谨而信④，泛爱众⑤，而亲仁⑥。行有余力，则以学文。"

注释

①弟子：求学之人，学必有师，故称弟子。②入则孝：在家里必须孝养父母。③出则弟：出门在外，敬爱兄长。④谨而信：行为谨慎，言而有信。⑤泛爱众：博爱众人。⑥亲仁：择仁者亲近。

译文

孔子说："弟子们在家要孝顺父母，出门在外要尊敬兄长，要谨言慎行，恪守诚信，博爱大众，亲近有仁德的人。这样躬行实践之后，还有余力的话，就再去学习古人遗留下来的经典文献。"

七　子夏①曰："贤贤②易色③，事父母，能竭其力；事君，能致其身；

与朋友交，言而有信。虽曰未学，吾必谓之学矣。"

注释

①子夏：孔子弟子，姓卜，名商。②贤贤：敬重贤德。第一个"贤"字指敬重；第二个"贤"字指贤德。③易色：轻视美色。易作"轻"字讲。色，美色。

译文

子夏说："一个能敬重贤德，轻视美色，侍奉父母时尽心尽力；服侍君主时不遗余力；和朋友交往时诚信不欺的人，纵使他谦虚地说自己没有学识，我也必定认为他懂得真正的学问。"

八　子曰："君子不重，则不威①；学则不固②。主忠信③。无友不如己④者。过，则勿惮改。"

注释

①君子不重，则不威：君子不庄重就没有威仪。②学则不固：所学的知识不会巩固。③主忠信：亲近忠信之人，以忠信之人为师。主，亲近。④不如己：指在修养道德方面与自己不同。

译文

孔子说："一个君子，如果不庄重就没有威仪；虽有所学，所学的知识也不会巩固。应当亲近忠信之人，以之为师。不要和道德修养与自己不同的人为友。如果发现自己有了过失，不要害怕去改正。"

九　曾子曰："慎终①，追远②，民德归厚③矣。"

注释

①慎终：父母寿终时，须依丧礼，慎重办理丧事。慎，慎重。终，寿终。②追远：丧葬之后，须依礼依时追念祭祀。③民德归厚：民风必然趋向淳厚善良。

译文

曾子说："慎重地办理父母的丧事，虔诚地祭祀自己的祖先，则民风必然趋向淳厚善良。"

十　子禽①问于子贡②曰："夫子至于是邦也，必闻其政，求之与？抑与之与？"子贡曰："夫子温、良、恭、俭、让③以得之。夫子之求之也，其诸异乎人之求之与？"

注释

①子禽：陈亢，字子禽。②子贡：孔子弟子，姓端木，名赐，字子贡。③温、良、恭、俭、让：温者貌和。良者心善。恭者内肃。俭乃节约。让即谦逊。

译文

子禽问子贡："夫子每到一个国家，必定得悉这个国家的政事，这是他自己探求所得，还是靠别人告诉他的呢？"子贡说："夫子靠温和、良善、庄敬、节制、谦逊的美德而得悉，他求取的方式大概不同于别人吧？"

十一　子曰："父在，观其志①；父没，观其行②；三年无改于父之道，可谓孝矣。"

注释

①父在，观其志：当其父在世时，可观察其志向。②父没(mò)，观其行：当其

父去世后,要观其行为。

译文

孔子说:"当他父亲在世的时候,要观察他的志向;在他父亲去世后,要观察他的行为;若是他三年不改变其父亲在世时一贯的做法,就可以说是孝顺了。"

十二　有子曰:"礼之用,和为贵①。先王之道,斯为美②;小大由之。有所不行,知和而和,不以礼节之,亦不可行也。"

注释

①礼之用,和为贵:礼在实际运用的时候,要以和为贵。②先王之道,斯为美:礼由先王所制立,历代虽有变化,但以用和为最美。先王,古代的帝王。

译文

有子说:"礼在实际运用的时候,要以和为贵。先王传下来的道,以此最美好;不论小事大事都是由此而行。但是,如果有行不通之处,却只知道以和为贵,一意孤行地用'和',不用'礼'来节制,也是不行的。"

十三　有子曰:"信①近于义②,言可复也。恭近于礼,远耻辱也。因③不失其亲,亦可宗④也。"

注释

①信:指一个人说话有信用。②义:合宜。③因:作"亲"字讲。④宗:作"敬"字讲。

译 文

有子说:"所守的诺言符合义,说的话就能兑现。态度恭敬而符合礼节,就可以远离耻辱。如果一个人所依靠的是值得亲近的人,那么这个人就值得尊敬效法。"

十四 子曰:"君子食无求饱,居无求安①,敏于事而慎于言②,就有道③而正焉,可谓好学也已。"

注 释

①君子食无求饱,居无求安:君子所求者,比食居更重要。②敏于事而慎于言:君子做事要敏捷,说话要谨慎。③有道:有道德且学有专长之人。

译 文

孔子说:"君子不强求饮食温饱,不强求居处安逸,做事敏捷,出言谨慎,又能常向有道德学问的人请教,以修正自己的行为,能做到这样子,可以算是好学了。"

十五 子贡曰:"贫而无谄,富而无骄,何如?"子曰:"可也;未若贫而乐,富而好礼者也。"子贡曰:"《诗》云'如切如磋,如琢如磨①',其斯之谓与?"子曰:"赐也,始可与言《诗》已矣,告诸往而知来者②。"

注 释

①如切如磋,如琢如磨:此句出自《诗经·卫风·淇奥》篇。子贡即悟孔子之意,便引两句诗问孔子:乐

道好礼就是《诗经》中所说的"切磋琢磨"吗？②告诸往而知来者：告诸往，孔子告诉子贡乐道好礼。而知来者，子贡能够引诗以解其义。

译文

子贡（向夫子请教）说："贫穷却不谄媚，富有却不骄傲，这样的人，老师以为如何呢？"孔子回答："可以了；但不如贫穷而乐道，富贵而好礼的人啊。"子贡说："《诗经》上所说的'要像加工玉器、象牙一样，切磋它，琢磨它'，讲的就是这个意思吧？"孔子说："赐呀，我从此可以和你谈论《诗经》了，告诉你以往的事，你就能推知未来的事。"

十六　子曰："不患①人之不己知，患不知人也。"

注释

①患：担心，忧虑。

译文

孔子说："不必忧虑别人不了解我，应该忧虑我不能了解别人。"

为政篇第二

一　子曰:"为政以德①,譬如北辰居其所而众星共之②。"

注释

①为政以德:政,政治。德,道德。②譬如北辰居其所而众星共之:国家政治以德为本,合理、利民,则得民众拥护,譬如北辰得众星围绕。共,同"拱"。

译文

孔子说:"为政者勤于修德,就会像北极星那样,自己居于一定的方位,而群星都会环绕在它的周围。"

二　子曰:"诗三百①,一言以蔽之②,曰'思无邪'③。"

注释

①诗三百:诗,《诗经》,古时通常只称为诗。《诗经》有三百零五篇,此处"诗三百"是取整数而言。②一言以蔽之:一言,一句话。蔽,概括。③思无邪:这是《诗经·鲁颂·駉》篇的一句诗,孔子引来总括三百篇诗的意义。思无邪,思想纯正。

译文

孔子说:"《诗经》三百篇,可用一句话来概括,就是'思想纯正'。"

三　子曰:"道之以政,齐之以刑①,民免而无耻;道之以德,齐之以礼,有耻且格。"

注释

①道之以政,齐之以刑:道之以政,用政法领导人民。道,同"导"。齐之以刑,用刑罚来整顿人民。齐,作"整"字讲。

译文

孔子说:"用政法来领导人民,用刑罚来整顿人民,这样子做,人民只会暂且服从以免于刑罚,而不会想到所做之事是不是可耻;用德行来教化人民,用礼教来规范人民,人民不但守法知耻,而且能改过向善。"

四　子曰:"吾十有五①而志于学,三十而立②,四十而不惑③,五十而知天命④,六十而耳顺⑤,七十而从心⑥所欲,不逾矩。"

注释

①十有五:"有"字,音义皆同"又"字。十有五,就是十又五,语体就是十五。②三十而立:自十五岁,志于学,至三十岁,所学已成立。也就是学有根柢,有力,非外力所能摇动。③不惑:不疑惑。④天命:天的命令。⑤耳顺:闻他人之言,即知他人的心意。凡是所听到的,都能明白贯通,知晓他人的心意;因而心里不再有起伏不平。⑥从心:从,顺从。

译文

孔子说:"我十五岁时立志求学;三十岁时能运用所学的道理来立身行事,不为外界动摇;四十岁时能通达事理,没有疑惑;五十岁时能知道什么是天命;六十岁时凡所听到的都能明白贯通,心里不再有起伏不平;七十岁时能顺随心里所想的去做,而不会逾越规矩法度。"

五　孟懿子①问孝。子曰:"无违。"樊迟御②,子告之曰:"孟孙问孝于我,我对曰,无违。"樊迟曰:"何谓也?"子曰:"生,事之以礼③;死,葬之以礼,祭之以礼④。"

注释

①孟懿子:鲁国大夫,姓仲孙,名何忌,"懿"是他的谥号。②樊迟御:樊迟是孔子弟子,名须,为孔子御车。③生,事之以礼:父母活着,侍奉父母的衣食住等,一切皆合礼制。④死,葬之以礼,祭之以礼:父母去世后,依礼办理丧葬之事,如棺椁、墓地等,都要合乎礼制。

译文

孟懿子向孔子请教孝道。孔子说:"不要违逆。"一日,樊迟为夫子驾车,孔子告诉他说:"孟孙问我孝道,我回答说,不要违逆。"樊迟说:"这是什么意思呢?"孔子说:"父母在世时,做儿女的应当依礼来侍奉他们;父母过世后,要依礼安葬他们,依礼祭祀他们。"

六　孟武伯①问孝。子曰:"父母唯其疾之忧②。"

注释

①孟武伯:孟武伯是孟懿子的儿子,名彘,"武"是谥号。②父母唯其疾之忧:子女不能使父母为子忧愁,唯子女有疾病时,父母才会担忧。

译文

孟武伯问孝道。孔子说:"让父母唯独担心子女身体的疾病(而不担心别的)。"

七　子游①问孝。子曰："今之孝者，是谓能养。至于犬马，皆能有养；不敬，何以别乎？"

注　释

①子游：孔子弟子，姓言，名偃，字子游。

译　文

子游问孝道。孔子说："现在人讲的孝，只是能赡养父母就算尽孝道了。但是狗和马，一样有人养；如果对父母没有恭敬的心，养父母跟养狗、养马又有什么区别？"

八　子夏问孝。子曰："色难①。有事，弟子服其劳②；有酒食，先生馔③，曾是以为孝乎？"

注释

①色难：色，和悦的脸色。难，不容易。②有事，弟子服其劳：有事，由年轻人效劳。③有酒食，先生馔：有酒、有食，让年长的人先吃。

译文

子夏问孝道。孔子说："侍奉父母，难在永远保持和颜悦色。有事时，由年轻人负责服务操劳；有了酒食，请长者先吃，难道这样就算是孝了吗？"

九　子曰："吾与回①言终日，不违，如愚②。退而省其私，亦足以发，回也不愚。"

注释

①回：孔子弟子，姓颜，名回，字子渊，鲁国人。②不违，如愚：颜回只是在听，从来不提反对意见和疑问，好像很愚蠢的样子。

译文

孔子说："我和颜回整日讲学，他从来不提反对意见和疑问，好像很愚笨。等他退下之后，我观察他私下的言行，发现他对我所讲授的内容有充分的阐发，可见颜回并不愚笨。"

十　子曰："视其所以①，观其所由②，察其所安③，人焉廋哉④？人焉廋哉？"

注释

①视其所以：观察他平时的所作所为。②观其所由：观察他如何办事，进一步认识此人。③察其所安：就前述所视、所观之事而言，详察他办完事情之后的表情

如何，以明其本意。④人焉廋(sōu)哉：知人很难，但用以上的方法，便能知道他是何种人，这个人还能隐瞒什么呢？廋，隐藏。

译文

孔子说："观察一个人，首先要观察他平常所做之事，然后要观察他做事的手段，最后再观察他做完情后的表现。这样，这个人还能隐瞒什么呢？这个人还能隐瞒什么呢？"

十一　子曰："温故而知新①，可以为师矣。"

注释

①温故而知新：温，温习。知新，尚未读过的书，现在研读，以求了解书中所载的事理。

译文

孔子说："能从温习旧知识当中不断领悟出新的道理来，这样的人就可以做老师了。"

十二　子曰："君子不器①。"

注释

①器：器具。

译文

孔子说："君子不应该像一件器具一样，只限于一定的用途。"

十三　子贡问君子。子曰:"先行其言而后从之①。"

注释

①从之:言从其行,言行相符。

译文

子贡问孔子如何才算是君子。孔子说:"先把事情做好,然后照自己所做的去说。"

十四　子曰:"君子周而不比,小人比而不周①。"

注释

①君子周而不比,小人比而不周:君子办事,为公,而不为私。小人办事,为私,而不为公。"周、比"二字,古注或作"公、私"讲,或作"义、利"讲。

译文

孔子说:"君子一心为公而没有自利之心;小人自私自利,而没有为公之心。"

十五　子曰:"学而不思则罔①,思而不学则殆②。"

注释

①学而不思则罔:学,学习。思,研究。罔,诬罔。②思而不学则殆:殆与"怠"同,疲怠。

译文

孔子说:"学习圣贤经典而不精心思考其义理,在运用时就会背离经义,以至于诬罔圣人之道;一个人只是冥思苦想而不学圣贤经典,则精神疲惫而终无所得。"

十六　子曰:"攻乎异端①,斯害也已。"

注释

①攻乎异端:攻,攻击。异端,不正确的议论。

译文

孔子说:"批判那些不正确的议论,祸害就会消失了。"

十七　子曰:"由①!诲女②知之乎!知之为知之,不知为不知,是知也③。"

注释

①由:孔子弟子,姓仲,名由,字子路。②诲女:教你。女,同"汝",你。③是知也:知,同"智"。其余"知"字皆作"知道"讲。

译文

孔子说:"由啊!我教你'知'的道理吧!知道就是知道,不知道就是不知道,这才是真正的智慧。"

十八　子张①学干禄。子曰:"多闻阙疑②,慎言其余,则寡尤③;多见阙殆④,慎行其余,则寡悔。言寡尤,行寡悔,禄在其中矣。"

注释

①子张:孔子弟子,姓颛(zhuān)孙,名师,字子张。②多闻阙疑:阙疑,有疑可以

存而不论，不可妄加论断。③慎言其余，则寡尤：慎言，言语要恰到好处，不可多说，多则不免有失。尤，过错。④多见阙殆：阙殆，有怀疑的地方先放在一旁不做。

译文

子张向孔子学习谋取官职的办法。孔子说："要多听，有怀疑的先放在一旁不说，其余有把握的，也要谨慎地说出来，这样就可以少犯错误；要多看，有怀疑的先放在一旁不做，其余有把握的，也要谨慎地去做，这样就能减少懊悔。说话少过失，做事少后悔，官职俸禄就在其中了。"

十九　哀公①问曰："何为则民服？"孔子对曰："举直②错③诸枉④，则民服；举枉错诸直，则民不服。"

注释

①哀公：鲁国国君，姓姬，名蒋，"哀"是谥号，为鲁定公之子。当时鲁国朝政被三家权臣（三桓）把控，鲁哀公颇不得意，故有下面所问。②直：正直的人。③错：同"措"，放置。④枉：不正直的人。

译文

鲁哀公问："怎样才能使民众服从呢？"孔子回答："提拔正直为公的人，把邪恶自私的人置于一旁，民众就会服从；提拔邪恶自私的人，把正直为公的人置于一旁，民众就不会服从。"

二十　季康子①问："使民敬、忠以劝，如之何？"子曰："临之以庄，则敬；孝慈，则忠；举善而教不能，则劝。"

注释

①季康子：鲁哀公时的正卿，姓季孙，名肥，"康"是谥号。

译 文

季康子问道:"治理国家想要让民众恭敬,尽忠竭力并相互勉励,该怎样去做呢?"孔子说:"你对他们严肃认真,他们就会尊敬你;你对父母孝顺、对子民慈爱,百姓就会尽忠于你;你选用良才,又教育品行不善的人,百姓就会互相勉励、乐于为善了。"

二十一　或谓孔子曰:"子奚不为政?"子曰:"《书》①云:'孝乎惟孝,友于兄弟,施于有政。'是亦为政,奚其为为政?"

注 释

①《书》:《尚书》,儒家经典之一。

译 文

有人对孔子说:"你怎么不从政呢?"孔子回答:"《尚书》上说:'孝就是孝敬父母、友爱兄弟,施行孝友,即有为政之道。'这也就是从政了,为什么一定要做官才算是从政呢?"

二十二　子曰:"人而无信,不知其可也。大车无輗①,小车无軏②,其何以行之哉?"

注 释

①輗(ní):古代大车辕端用来连接、固定横木或者车轭(è)的部件。②軏(yuè):车辕和横木衔接处的关键。

译 文

孔子说:"一个人不讲信用,这样的人还能做什么呢?就好像大车没有輗、小

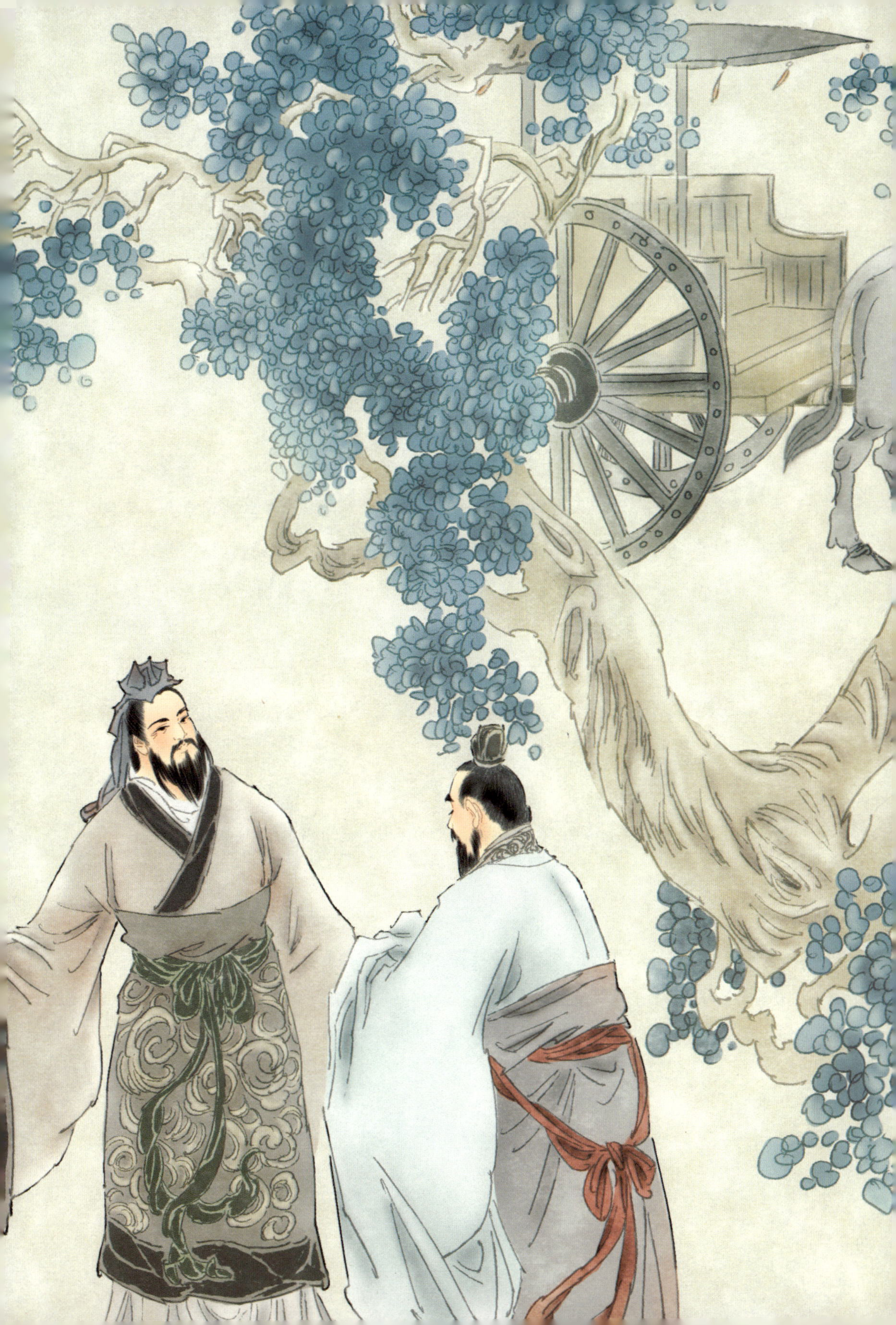

车没有轨一样，车子靠什么行走呢？"

二十三　子张问："十世可知也？"子曰："殷因①于夏礼，所损益②，可知也；周因于殷礼，所损益，可知也。其或继周者，虽百世，可知也。"

注释

①因：依照。②损益：废除的和增加的内容。

译文

子张问孔子："十代以后的事可以预先知道吗？"孔子回答："商朝承袭了夏朝的礼仪制度，所废除和所增加的内容是可以知道的；周朝又承袭商朝的礼仪制度，所废除的和所增加的内容也是可以知道的。如若有谁承袭周朝的礼仪制度，就是百代以后的情况，也是可以预先知道的。"

二十四　子曰："非其鬼而祭之，谄也①。见义不为，无勇也。"

注释

①非其鬼而祭之，谄也：祭祀不该祭祀的鬼神，是谄媚求福。

译文

孔子说："不是自己应该祭祀的鬼神，却去祭祀它，就是谄媚。见到符合道义的事情，却不去做，就是没有勇气。"

八佾篇第三

一　孔子谓季氏:"八佾①舞于庭②,是可忍也,孰不可忍也?"

注　释

①八佾(yì):佾,八佾舞,由舞者执羽而舞,以八人为一列,八列则八八六十四人。这是天子用的舞乐。②舞于庭:季氏用六十四人舞于庭院,是严重的僭礼行为。

译　文

孔子评论季氏说:"他用六十四人在自己家庙的庭院中奏乐舞蹈,这样失礼的事都忍心做得出来,还有什么事情是他做不出来的呢?"

二　三家①者以《雍》彻②。子曰："'相维辟公，天子穆穆'③，奚取于三家之堂？"

注释

①三家：鲁国当政的三卿，谓孟孙、叔孙、季孙。②《雍》彻：《雍》是《诗经·周颂》里的一篇诗。彻，同"撤"。天子祭宗庙，礼成时，歌此《雍》诗以撤祭品，今三家祭祖，亦以《雍》诗撤祭品。③相（xiàng）维辟公，天子穆穆：这是《雍》篇中的两句诗文。孔子引之，以讥评三家之僭礼。

译文

孟孙、叔孙、季孙三家在祭祖时，也唱着《雍》这篇诗撤除祭品。孔子说："《雍》诗中'诸侯助祭，天子严肃静穆地在那里主祭'这样的诗句怎么能用在三家的庙堂上呢？"

三　子曰："人而不仁①，如礼何？人而不仁，如乐何②？"

注释

①仁：仁来自固有的道德，是礼乐所由之本。②人而不仁，如乐何：人而不仁，则无谦让、敬人等美德，虽然行礼奏乐，并无实质意义。

译文

孔子说："人如果没有仁爱之心，礼对他来说有什么意义？又有何用处？人如果没有仁爱之心，先王的雅乐对他来说有什么意义？又有何用处？"

四　林放①问礼②之本。子曰："大哉问！礼③，与其奢也，宁俭④。丧，与其易也，宁戚⑤。"

注释

①林放：鲁国人。②礼：古时礼有五种，即吉、凶、军、宾、嘉五种礼仪。吉礼是祭祀，凶礼是丧事等。③礼：此礼指丧礼之外的诸礼。④与其奢也，宁俭：与其奢侈，宁可节俭。⑤丧，与其易也，宁戚：举行丧礼，与其过于注重繁文缛节，则不如哀戚。哀戚可得其本。

译文

林放问礼之根本。孔子说："你所问的问题意义十分重大！依礼而言，与其奢侈浪费，宁可节俭朴素；办理丧葬大事，与其过于注重形式与繁文缛节，宁可内心哀戚些好。"

五　子曰："夷狄①之有君，不如诸夏②之亡③也。"

注释

①夷狄：外族的通称。②诸夏：通指春秋诸国。③亡（wú）：无，没有。

译文

孔子说："夷狄之国虽有君主但不讲礼仪，还不如中原诸国无君主而讲礼仪呢。"

六　季氏旅于泰山①。子谓冉有②曰："女弗能救与？"对曰："不能。"子曰："呜呼！曾谓泰山不如林放乎③？"

注释

①季氏旅于泰山：泰山是当时鲁国与齐国境内的天下名山，为五岳之首。只有天子能祭祀泰山，鲁君、齐君在其境内亦能祭祀泰山。季氏只是鲁国的大夫，他也要去祭祀泰山，这是严重的僭礼。②冉有：孔子弟子，当时为季氏的家宰。③曾

谓泰山不如林放乎：林放犹知问礼之本，泰山之神，岂不知礼。季氏目无天子，目无国君，泰山肯接受吗？"曾"作"岂"字讲。

译文

季氏准备去祭祀泰山。孔子对冉有说："你不能劝阻他吗？"冉有说："不能。"孔子说："啊呀！难道说泰山之神还不如林放（知礼，居然接受这不合规矩的祭祀）吗？"

七　子曰："君子无所争。必也射乎①！揖让而升，下而饮。其争也君子②。"

注释

①君子无所争。必也射乎：射为"六艺"之一，射艺比赛，讲求射礼。②揖让而升，下而饮。其争也君子：登堂而射，射后计算谁中靶多，中靶少的被罚饮酒，这样才是有君子风范的竞争。

译文

孔子说："君子不与人争。如果一定要说有竞争，那一定是举行射箭比赛（古有射礼）吧！大家作揖谦让后登场比箭，赛毕下来一起饮酒。这样的竞争才称得上是有君子风范的竞争。"

八　子夏问曰："'巧笑倩兮，美目盼兮，素以为绚兮。'①何谓也？"子曰："绘事后素②。"曰："礼后乎③？"子曰："起予者商④也！始可与言《诗》已矣。"

注释

①巧笑倩兮，美目盼兮，素以为绚兮：前两句在《诗经·卫风·硕人》篇第

二章,后一句不见于此篇,可能是逸句。《硕人》这篇诗是为卫庄公夫人庄姜而作。据说,庄姜贤美,但庄公惑于宠妾,而疏庄姜,卫人悯之,故有此诗。②绘事后素:孔子以比喻答复子夏。绘事,绘画之事。素,一种丝织品,多为白色,可以用来绘画。绘事后素,"绘画"在"素"之后,即先以白色打底,再上颜色。③礼后乎:礼后,礼在忠信之后。礼以忠信为主,学礼以忠信为前提,不忠不信之人学不到礼。④商:即子夏,子夏名商。

译文

子夏问孔子:"'笑得真美丽啊,眼睛真明亮啊,犹如在白绢上绘出绚丽的色彩。'这几句诗是什么意思呢?"孔子说:"先以白色打底,再上颜色。"子夏又问:"这是不是说礼在忠信之后呢?"孔子说:"商啊!你是能启发我的人,现在我们可以讨论《诗经》了。"

九　子曰:"夏礼,吾能言之,杞不足征也;殷礼,吾能言之,宋不足征也。文献不足故也①。足②,则吾能征之矣。"

注释

①文献不足故也:能知夏朝文化的贤人,应在杞国。能知殷朝文化的贤人,应在宋国。但杞、宋两国已经难觅这样的贤人了。②足:文献如果足够的话。

译文

孔子说:"夏朝的礼,我能讲出,(但是它的后代)杞国不足以证明我的话;殷朝的礼,我能讲出,(但是它的后代)宋国不足以证明我的话。这都是他们的文字资料和熟悉夏礼、殷礼的贤人不足的缘故。如果这些足够的话,我就可以用来做证明了。"

十　子曰:"禘①自既灌②而往者,吾不欲观之矣。"

注释

①禘(dì)：天子祭祀宗庙的大祭。②灌：古代祭祀的一种仪式。斟酒浇地以求神降临。

译文

孔子说："对于行禘礼的仪式，从第一次献酒以后，我就不想看了。"

十一　或问禘之说。子曰："不知也；知其说者之于①天下也，其如示诸斯②乎！"指其掌。

注释

①之于：之，指天下事。②如示诸斯：犹如指示天下事于此手掌之中。"诸"字是"之于"二字的合音字。"斯"字作"此"字讲。

译文

有人向孔子请教举行禘祭的规定。孔子说："我不知道；知道这种规定的人，对治理天下的事，就会像看清这里一样（容易）吧！"孔子一面说，一面指着他的手掌。

十二　祭如在，祭神如神在。子曰："吾不与祭，如不祭①。"

注释

①吾不与祭，如不祭：与祭，亲自参加祭祀。

译文

祭祀祖先的时候就像祖先真的在面前，祭祀神灵的时候就像神灵真的在面前。

孔子说:"我如果不亲自参加祭祀,那就如同没有举行过祭祀。"

十三　王孙贾①问曰:"与其媚于奥,宁媚于灶②,何谓也?"子曰:"不然;获罪于天,无所祷也。"

注释

①王孙贾:卫灵公时的卫国大夫。②与其媚于奥,宁媚于灶:奥,室中西南角。古时房屋坐北朝南,门向南开,而偏近于东,则西南角为隐深之处。人们在此祭祀五祀中的中溜神。灶,设在厨房,炊煮食物之器名为灶。人们在此祭祀五祀中的灶神。中溜神的地位比灶神高,但灶神主管饮食,有实权。孔子周游列国,在卫国时,颇受卫灵公尊敬。卫灵公夫人南子,品行不端,欲借孔子之名以壮自己声势,便召见孔子。孔子见之。王孙贾误会孔子来卫国求官,故以奥比喻南子,以灶比喻自己。他的意思是:你求南子,不如求我王孙贾。

译文

王孙贾向孔子问道:"人们说'与其奉承中溜神,不如奉承灶神',这是什么意思呢?"孔子说:"不是这样的;如果得罪了上天,那就连祷告的地方也没有了。"

十四　子曰:"周监于二代,郁郁乎文哉①!吾从周。"

注释

①周监于二代,郁郁乎文哉:周公制礼时,是以夏商二代之礼为根据,加以取舍而制成的,三代礼文以周礼最为完备。

译文

孔子说:"周朝的礼仪制度借鉴于夏、商二代,是多么丰富完美的典制啊!我遵从周朝的制度。"

十五　子入太庙，每事问①。或曰："孰谓鄹人之子②知礼乎？入太庙，每事问。"子闻之，曰："是礼也③。"

注释

①子入太庙，每事问：周公旦是鲁国的始封之君，故其庙被称为太庙。②鄹（zōu）人之子：鄹，鲁国的鄹邑，在今山东省曲阜市。鄹人之子，即孔子。③是礼也：是，指每事问。

译文

孔子到了周公庙，事事详问。有人说："谁说鄹人之子懂得礼呀？他到了太庙里，事事都问人。"孔子听后说："这就是礼呀。"

十六　子曰："射①不主皮②，为力不同科③，古之道也。"

注释

①射：古代"六艺"之一。射有军中的武射，有平时的礼射。此说礼射。②皮：箭靶子。最中心的叫作"正"或者"鹄"。③为力不同科：人之力大小不同。

译文

孔子说："射箭不以穿透皮靶为主，因为每个人的力气大小强弱不同，自古以来就是这样。"

十七　子贡欲去告朔之饩羊①。子曰："赐也！尔爱其羊，我爱其礼。"

注释

①子贡欲去告朔之饩羊：饩（xì）羊就是古代用为祭品的羊。每年秋冬之交，周天子会将第二年的历书颁告诸侯，即"颁告朔"。诸侯受之以后，藏于太庙，自

新年一月起，每月朔日，也就是每月初一，供一只饩羊，祭告于太庙，然后回朝听政。后来，鲁国的告朔之礼被废弃，但每月初一，仍会送一只饩羊供奉祖庙。子贡认为，告朔之礼既不举行，何必仍供一羊，故欲除去告朔之饩羊。

译文

子贡提出除去告祭祖庙用的活羊。孔子说："赐啊！你爱惜的是那只羊，我爱惜的是那种礼啊。"

十八　子曰："事君尽礼，人以为谄也①。"

论语　八佾篇第三

注释

①事君尽礼，人以为谄也：鲁国当时的国政被孟孙、季孙、叔孙三家掌控，在这种情况下，孔子仍对鲁君恭敬无比，便引起了别人的不满，他们嘲讽孔子向鲁君献媚。

译文

孔子说："按照周礼的规定去侍奉君主，别人却把这当成是谄媚。"

十九　定公①问："君使臣，臣事君，如之何？"孔子对曰："君使臣以礼，臣事君以忠。"

注释

①定公：鲁君，名宋，襄公之子，昭公之弟。"定"是谥号。

译文

鲁定公问孔子："君主如何使用臣子，臣子如何侍奉君主呢？"孔子回答："君主应当按照礼的要求去使用臣子，臣子应当以忠心来侍奉君主。"

二十　子曰："《关雎》①，乐而不淫，哀而不伤②。"

注释

①《关雎》：《诗经》的第一篇诗，该诗描述一位男子追求窈窕淑女时的情形与心情。②乐而不淫，哀而不伤：孔子评论此诗，所抒哀乐之情，不淫不伤，而得其正。

译 文

孔子说:"《关雎》一诗,说到乐处而不至于放纵,说到哀处而不至于悲伤。"

二十一　哀公问社于宰我①。宰我对曰:"夏后氏以松,殷人以柏,周人以栗,曰,使民战栗②。"子闻之,曰:"成事不说③,遂事不谏④,既往不咎。"

注 释

①哀公问社于宰我:哀公,鲁君。宰我,鲁人,孔子弟子,姓宰,名予,字子我,善于言语,与子贡位列于言语科。鲁哀公所问的社,是指社主,《周礼·大司徒》中称为田主。当时祭土神,要立一木,作为神的凭依,此木称为主。②使民战栗:鲁哀公想除去三家权臣,而不敢明说,因此问社,暗示欲诛三家。宰我即知其意,亦以隐语答复哀公。"使民战栗"一语,即答以可诛。③成事不说:此指鲁哀公失政的现状。三家专权的局势,形成已久,再说无用,故不需说。④遂事不谏:遂事,三家已经遂心成事。宰我今对哀公进谏,为时已晚,不如不谏。

译 文

鲁哀公问宰我,祭土地神所要立的神主应该用什么树木。宰我答道:"夏朝用松树,商朝用柏树,周朝用栗子树,意思是使老百姓战栗。"孔子听到后说:"已成事实的事不必提了,结束的事不必再去劝阻了,过去的事也不必再追究了。"

二十二　子曰:"管仲之器小哉①!"或曰:"管仲俭乎②?"曰:"管氏有三归③,官事不摄④,焉得俭?""然则管仲知礼乎⑤?"曰:"邦君树塞门⑥,管氏亦树塞门。邦君为两君之好,有反坫⑦,管氏亦有反坫。管氏而知礼,孰不知礼?"

注释

①管仲之器小哉：孔子谓管仲之器量小。②管仲俭乎：有些人认为管仲节俭。③三归：一说指三处家产；一说指租税；一说指娶三姓女子。④官事不摄：管氏家臣各有专职，不兼余事。⑤然则管仲知礼乎：三归是国君所赐。依礼，长者所赐，不能不受。有些人认为管仲知礼。⑥塞门：指照壁，大门外对着大门做屏蔽用的墙壁。⑦反坫（diàn）：坫，用土筑成的，用来放置器物的设备。两君宴会，酌毕，各将其空酒杯反置于坫上，谓之反坫。

译文

孔子说："管仲的器量真是狭小呀！"有人便问："管仲节俭吗？"孔子说："他有三处豪华的藏金府库，他的家臣也是一人一职而不兼任，怎么称得上节俭呢？"那人又问："那么管仲知礼吗？"孔子回答："国君大门口设立照壁，管仲也照样设立照壁。国君同别国国君举行会面时，在堂上有放空酒杯的设备，管仲也有同样的设备。如果说管仲知礼，那么还有谁不知礼呢？"

二十三　子语鲁大师①乐，曰："乐其可知也：始作②，翕如③也；从④之，纯如⑤也，皦如⑥也，绎如⑦也，以成。"

注释

①大（tài）师：乐官之长。②始作：开始演奏。③翕（xī）如：五音合在一起。④从：同"纵"，放开。⑤纯如：宫商角徵羽和谐如一。⑥皦（jiǎo）如：钟鼓笙瑟等达到和谐，不要扰乱次序。⑦绎如：余音袅袅，相续不绝。

译文

孔子与鲁国乐官谈论奏乐之道时说："奏乐的道理是可以领会的：开始演奏时，各种乐器合奏，声音繁美；继续展开下去，五音和谐，音节分明，余音袅袅，然后完成。"

二十四　仪封人①请见，曰："君子之至于斯也，吾未尝不得见也②。"从者见之③。出曰："二三子何患于丧乎？天下之无道也久矣，天将以夫子为木铎④。"

> **注　释**

①仪封人：仪为地名，在今河南兰考县境内；封人，系镇守边疆的官。②君子之至于斯也，吾未尝不得见也：仪封人来求见孔子，怕孔子的弟子不肯引见，故说，凡是有道德的君子到我仪地，我未尝不与之相见。③从（zòng）者见（xiàn）之：从者，随从孔子的弟子。④木铎（duó）：有木舌的铜制铃铛。

> **译　文**

仪地的地方长官请求见孔子，他说："凡是君子到这里来，我从没有见不到的。"孔子的随从引他去见了孔子。他出来后（对孔子的学生们）说："你们何必为不得志而发愁呢？天下混乱已久，上天将以孔夫子为醒世的木铎来警醒众人。"

二十五　子谓《韶》①，"尽美矣，又尽善也②"。谓《武》③，"尽美矣，未尽善也④"。

> **注　释**

①《韶》：舜时的乐曲名。②尽美矣，又尽善也：舜的天下，受禅于尧，其乐和平，所以尽美尽善。尽，完全之意。③《武》：周武王时的乐曲名。④尽美矣，未尽善也：周武王的天下是由伐纣而得，其乐演奏起来，犹有杀伐之声。因此，他的音乐不如舜的音乐那样平和，故云未尽善。

> **译　文**

孔子评论《韶》乐，说："极其美好，又极其完善。"评论《武》乐，说："十分美好，但尚有不完善之处。"

二十六　子曰:"居上不宽①,为礼不敬,临丧不哀②,吾何以观之哉?"

注释

①居上不宽:居上位者,不宽则不得众。宽,度量宽宏。②为礼不敬,临丧不哀:不敬,不哀,皆失其本。

译文

孔子说:"居于上位不能宽以待下,行礼时没有敬意,遭遇丧事时毫无哀戚的表情,(这样的人)我还能看他什么呢?"

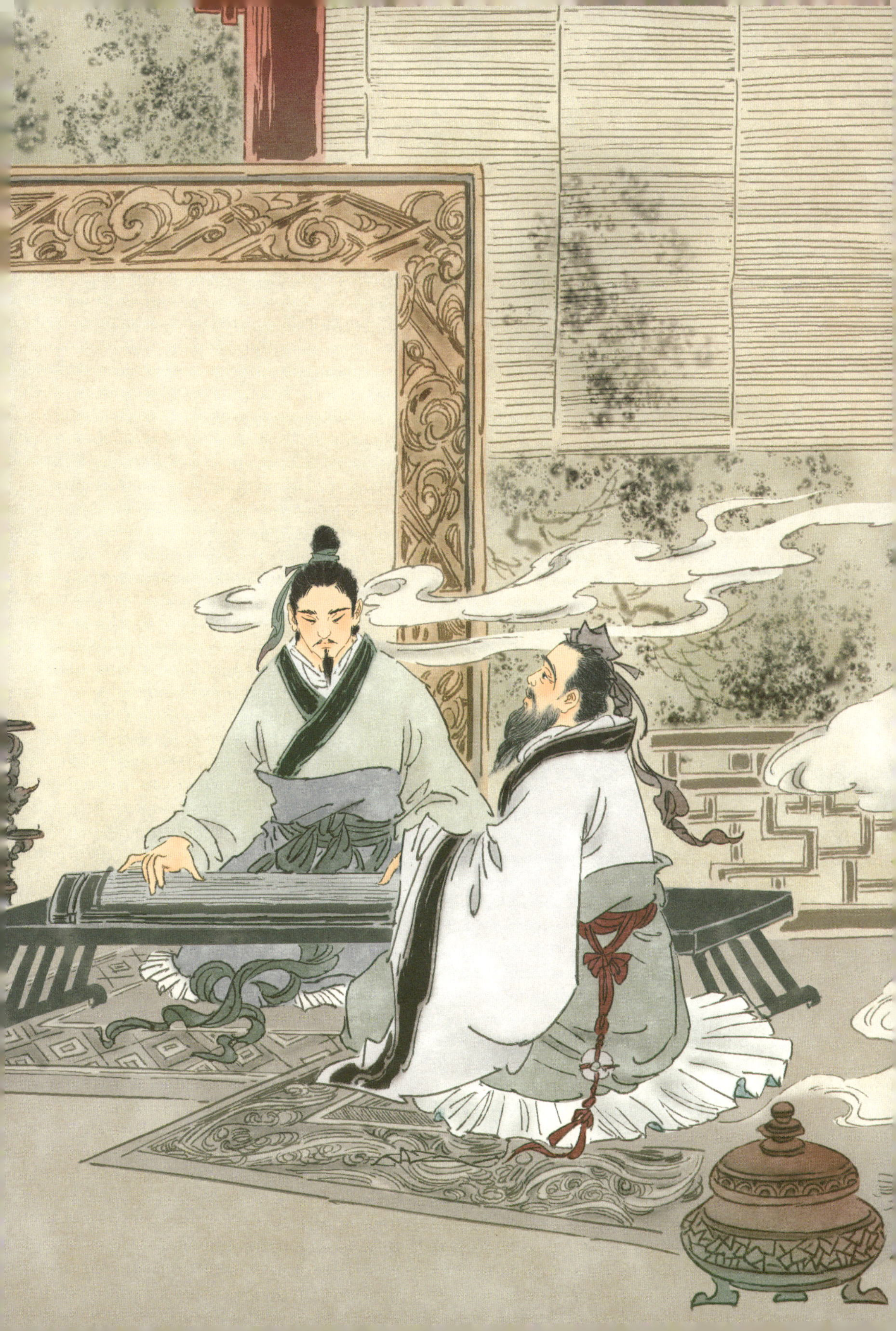

里仁篇第四

一　子曰:"里仁为美①。择不处仁,焉得知?"

注释

①里仁为美:居于仁者所居之地,为美。

译文

孔子说:"选择居住在仁者所居之地为美。不选择居住在仁者所居之地,怎么能算明智呢?"

二　子曰:"不仁者不可以久处约①,不可以长处乐②。仁者安仁,知者利仁。"

注释

①不仁者不可以久处约:不仁之人,不可以久处贫困。久处贫困则为非作歹。
②不可以长处乐:不仁之人不可以长处富乐,长处富乐则骄奢淫逸。

译文

孔子说:"一个人没有仁德,就不能长久地处在贫困中,也不能长久地处在安乐中。有仁德的人安心于仁道,有智慧的人知道仁道对自己有利而行仁。"

三　子曰:"唯仁者能好人,能恶人①。"

注释

①唯仁者能好人，能恶人：仁者有智，能克己复礼，不妄为好恶。

译文

孔子说："只有有仁德的人，才懂得喜爱人和厌恶人。"

四　子曰："苟志于仁矣，无恶也①。"

注释

①苟志于仁矣，无恶也：苟，假如。仁，仁道。

译文

孔子说："如果一个人立志于行仁道，就不会有所厌恶的人，也没有所憎恶的事。"

五　子曰："富与贵，是人之所欲也；不以其道得之，不处①也。贫与贱，是人之所恶也；不以其道得之，不去②也。君子去仁，恶③乎成名？君子无终食之间④违仁⑤，造次⑥必于是，颠沛必于是。"

注释

①不处：不居，亦可说是不取。②不去：去，舍弃。③恶：作"何"字讲。④终食之间：吃一顿饭的时间。⑤违仁：去仁。⑥造次：迫促不暇的时候。

译文

孔子说："富裕和尊贵是人人都想要得到的；但不是用正当的方法得到它，君子就不会去享受。贫穷与低贱是人人都厌恶的；但不能用正当的方法去摆脱它，君子就不会摆脱。君子如果离开了仁德，又怎么能叫君子呢？君子在吃一顿饭那样短的时间里都不背离仁德，就是在匆忙急迫时必定如此，在颠沛流离时也必定如此。"

六　子曰："我未见好仁者①，恶不仁者②。好仁者，无以尚之；恶不仁者，其为仁矣，不使不仁者加乎其身。有能一日用其力于仁矣乎？我未见力不足者③。盖有之矣，我未之见也。"

注释

①好仁者：爱好仁德的人。②恶不仁者：厌恶不仁德的人。③我未见力不足者：孝悌忠信，有浅有深，人人都有实行仁德之力。

译文

孔子说："我没有见过爱好仁德的人和厌恶不仁德的人。爱好仁德的人，是至高无上的；厌恶不仁德的人，他若是去行仁德，只是为了不使不仁德的东西加在自己身上。有能在一天中致力于实行仁德的人吗？我还没有看见过谁实行仁德而力量不够的。也许有，但我没见过。"

七　子曰："人之过①也，各于其党②。观过，斯知仁矣③。"

注释

①过：过失。②党：类型。③观过，斯知仁矣：人的过失，各有其类，不能一概而论。观人之过，则知其是否为有仁心之人。

译文

孔子说："凡人的过失，有各种类型。只要观察他所犯的过失，便可知其心中有没有仁了。"

八　子曰："朝闻道①，夕死可矣。"

注释

①朝闻道：道，仁道。闻道，听闻人生大道。

译文

孔子说："如果能在早晨听闻人生大道，就算是晚上离开人世，也了无遗憾了。"

九　子曰："士志于道，而耻恶衣恶食者，未足与议也①。"

注释

①士志于道，而耻恶衣恶食者，未足与议也：读书人既言学道，而又以恶衣恶食为耻，可见其心仍在名利，故不足与之谈道。

译文

孔子说："读书人既然立志学道，却还以粗糙的衣服和简陋的饮食为耻辱，那就不值得和他谈论'道'了。"

十　子曰："君子之于天下也，无适也，无莫也①，义之与比。"

注释

①无适也，无莫也："适、莫"二字在古注有多种解释。清朝学者俞曲园，在他的《春在堂随笔》里，考证"适、莫"二字即"亲疏"之意。

译文

孔子说："君子对于天下的人和事，不会去考虑厚薄亲疏，只是按照道义去做。"

十一　子曰:"君子怀德①,小人怀土②;君子怀刑③,小人怀惠④。"

注释

①君子怀德:君子小人,并非指在位与不在位者,皆就普通人而言。怀,关注。②小人怀土:小人只选择有利可图之处。③君子怀刑:刑,典刑,经典法则。④小人怀惠:小人行动时,冒险以求其幸,不思虑后果,只贪图眼前的小惠。

译文

孔子说:"君子内心关注的是道德,小人内心关注的是利益;君子行动时想的是是否符合经典法则,小人行动时想的是能否获得利益。"

十二　子曰:"放于利①而行,多怨。"

注释

①放于利:纵心于利。放,作"纵"字讲。

译文

孔子说:"如果依循私利来行事,必将招致很多怨恨。"

十三　子曰:"能以礼让为国乎?何有①?不能以礼让为国,如礼何②?"

注释

①能以礼让为国乎?何有:为,治理。何有,有什么困难。②不能以礼让为国,如礼何:如礼何,拿礼怎么办;礼用来做什么。

译　文

孔子说:"如果能够用礼让的原则来治理国家,那还有什么困难呢?如果不能用礼让的原则来治理国家,那礼用来干什么呢?"

十四　子曰:"不患无位①,患所以立②。不患莫己知,求为可知也。"

注　释

①位:官位。②立:身在官位而有建树。

译　文

孔子说:"不要忧虑得不到职位,应该忧虑自己是否能够有所建树。不要忧虑没有人了解自己,应该注重提升自己值得别人认识和了解的才德。"

十五　子曰:"参①乎!吾道一以贯之②。"曾子曰:"唯。"子出,门人问曰:"何谓也?"曾子曰:"夫子之道,忠恕③而已矣。"

注　释

①参:曾子,名参。②吾道一以贯之:以一理贯穿万事,则万事皆有其理。贯,贯穿。③忠恕:何谓忠恕?尽己是谓忠;己所不欲,勿施于人,是谓恕。

译　文

孔子说:"参啊!我平日所讲的许许多多的道,实在可以用一个道理来融会贯通啊。"曾子回答:"是的。"孔子出去以后,其他弟子问曾子:"老师说的是什么意思?"曾子说:"老师所说的道理,不过是'忠恕'罢了。"

十六　子曰:"君子喻①于义,小人喻于利。"

注释

①喻：晓、知。

译文

孔子说："君子懂得义，小人只懂得利。"

十七　子曰："见贤思齐焉①，见不贤而内自省也②。"

注释

①见贤思齐焉：见贤者，当向其学习。②见不贤而内自省也：见不贤者，当自反省。不贤，非小人，不如贤人而已。

译文

孔子说："遇见贤人，要想着跟他学习，向他看齐；遇见不贤的人，要反省自己有没有同他类似的毛病。"

十八　子曰："事父母几谏①，见志不从，又敬不违，劳而不怨。"

注释

①事父母几谏：几，微，此指事情刚开始。人之过，在刚开始时，易于改正，故为人子者，见父母之过于微起时，即当谏之，莫待形成大过。

译文

孔子说："侍奉父母，如果父母有过错，应当在事情刚开始的时候就委婉劝谏，父母不接受时，应当照常保持恭敬之心，不可以违逆不孝，虽然忧心操劳，但不怨恨。"

十九　子曰："父母在，不远游，游必有方①。"

注释

①游必有方：为游子者，随时函报行踪，免为父母所系念。

译文

孔子说："父母在世的时候，不要远离家乡。如果不得已要出远门，也应随时向父母报告自己的行踪，免得父母挂念。"

二十　子曰："三年无改于父之道，可谓孝矣。"①

注释

①"子曰"句：此章与《学而》篇同。

译文

孔子说:"若是三年不改变他父亲在世时一贯的做法,这样的人可以说是孝顺了。"

二十一　子曰:"父母之年,不可不知也。一则以喜①,一则以惧②。"

注释

①一则以喜:喜其长寿,子能承欢。②一则以惧:父母之年愈高,在世之日愈少,深惧子欲养而亲不待。

译文

孔子说:"父母的年纪,不可以不知道。既为他们长寿而高兴,也为他们衰老而恐惧。"

二十二　子曰:"古者言之不出,耻躬之不逮也①。"

注释

①耻躬之不逮也:躬,自身。逮,赶上。

译文

孔子说:"古人不随便说话,因为如果说了却做不到,是一件可耻的事。"

二十三　子曰:"以约失之者鲜矣①。"

注释

①以约失之者鲜矣:约,约束。鲜,少。

译文

孔子说:"因为约束自己而失误的人是很少的。"

二十四　子曰:"君子欲讷于言而敏于行①。"

注释

①君子欲讷于言而敏于行:君子言语要慎重,办事要敏捷。

译文

孔子说:"君子要言语谨慎而行动敏捷。"

二十五　子曰:"德不孤,必有邻①。"

注释

①德不孤,必有邻:德,有德行的人。邻,亲近。

译文

孔子说:"有德行的人不会被孤立,必定有人来亲近他。"

二十六　子游①曰:"事君数②,斯辱矣;朋友数,斯疏矣。"

注释

①子游:孔子弟子,姓言,名偃,字子游。
②事君数:数(shuò),取"烦琐"之义。

译文

子游说:"侍奉君主太过烦琐,就会招致侮辱;对待朋友太过烦琐,就会反被疏远。"

公冶长篇第五

一　子谓公冶长①，"可妻也。虽在缧绁之中，非其罪也"。以其子妻之。

注释

①公冶长：孔子弟子，齐国人。

译文

孔子评价公冶长，说："可以把女儿许配给他。他虽然曾被关在牢狱里，但这并不是他的罪过呀"。于是，孔子就把自己的女儿许配给了他。

二　子谓南容①，"邦有道，不废；邦无道，免于刑戮②。"以其兄之子妻之。

注释

①南容：孔子弟子，姓南宫，名适，一名绦，字子容，鲁国人。②邦有道，不废；邦无道，免于刑戮：国有道时，南容能为国用；国无道时，南容因其智慧免于刑戮之祸。

译文

孔子评价南容，说："国家政治清明时，他能够为国家所用；国家政治黑暗时，以他的智慧也可以免去刑戮。"于是把自己的侄女许配给了他。

三　子谓子贱①，"君子哉若人！鲁无君子者，斯焉取斯②？"

注释

①子贱：孔子弟子，姓宓，名不齐，字子贱。②斯焉取斯：前"斯"字指子贱，后"斯"字指君子行为。

译文

孔子评价子贱，说："君子就是像他这样的人啊！如果鲁国没有君子的话，他从哪里学到这种品德呢？"

四　子贡问曰："赐也何如？"子曰："女，器也。"曰："何器也？"曰："瑚琏①也。"

注释

①瑚琏：古注，夏曰瑚，殷曰琏，周曰簠簋。皆宗庙盛黍稷之器，甚为贵重。

译文

子贡问孔子："我这个人怎么样？"孔子说："你呀，好比一个器具。"子贡又问："是什么器具呢？"孔子说："盛祭品的瑚琏。"

五　或曰："雍①也仁而不佞。"子曰："焉用佞？御人以口给，屡憎于人。不知其仁②，焉用佞？"

注释

①雍：孔子弟子，冉雍，字仲弓。②不知其仁：孔子不轻许弟子以仁。

译文

有人说："冉雍这个人有仁德但不善辩。"孔子说："何必要能言善辩呢？靠伶牙俐齿和人辩论，常常招致别人的讨厌。我虽不了解他是否有仁德，但既然是说仁德，何必要能言善辩呢？"

六　子使漆雕开①仕。对曰："吾斯②之未能信③。"子说。

注释

①漆雕开：孔子弟子，姓漆雕，名开，字子开。②斯：为官。③未能信：为官，未能自信。

译文

孔子叫漆雕开去做官。漆雕开回答："我对做官这件事还没有信心。"孔子听了很喜悦。

七　子曰："道不行，乘桴①浮于海。从我者，其由与？"子路闻之喜。子曰："由也好勇过我，无所取材。"

注释

①桴（fú）：用竹或木编扎成的小筏子。孔子不能行道于鲁，乃周游列国，亦不能行，遂有此言。

译文

孔子说:"如果我的主张行不通,我想乘木筏漂洋过海,能跟从我的大概只有仲由吧?"子路听到这话很高兴。孔子说:"仲由好勇的精神超过了我,但不知如何裁度以合于义。"

八　孟武伯问子路仁乎?子曰:"不知也①。"又问。子曰:"由也,千乘之国,可使治其赋②也,不知其仁也。""求也何如?"子曰:"求也,千室之邑③,百乘之家④,可使为之宰⑤也,不知其仁也。""赤也何如?"子曰:"赤也,束带立于朝,可使与宾客言也,不知其仁也。"

注释

①不知也:孔子答曰不知,意为不清楚,盖问之不得其要也。②赋:兵赋。③千室之邑:有千户人家的封地。④百乘之家:有百辆兵车的封地。⑤宰:总管。

译文

孟武伯向孔子询问子路有没有仁德。孔子说:"我不知道。"孟武伯又问。孔子说:"仲由这个人,在拥有千辆兵车的国家里,可以管理军事,但我不知道他有没有仁德。"孟武伯又问:"冉求这个人怎么样?"孔子说:"冉求这个人,可以让他在一个有千户人家的封地或有百辆兵车的封地里当总管,但我也不知道他有没有仁德。"孟武伯又问:"公西赤又怎么样呢?"孔子说:"公西赤这个人,可以让他穿着礼服,站在朝廷上,接待贵宾,但我也不知道他有没有仁德。"

九　子谓子贡曰:"女与回也孰愈①?"对曰:"赐也何敢望回?回也闻一以知十,赐也闻一以知二。"子曰:"弗如也;吾与女弗如也。"

注释

①愈：胜过。

译文

孔子对子贡说："你与颜回哪一个比较强？"子贡回答："我哪敢和颜回相比？颜回听到一个道理，就能够知道所有的道理，我听到一个道理，只是不拘泥于此而已。"孔子说："不如他；我和你都不如他啊。"

十　宰予①昼寝②。子曰："朽木不可雕也，粪土之墙不可杇也；于予与何诛？"子曰："始吾于人也，听其言而信其行；今吾于人也，听其言而观其行。于予与改是。"

注释

①宰予：即宰我。②昼寝：昼眠，昼入寝室休息，古时不许。

译文

宰予大白天睡觉。孔子说："腐烂的木材不可能再雕刻，肮脏的土墙不可能再粉刷；我对于宰予还有什么好责备的啊？"孔子又说："起初我对他人，是听了他的话，就相信他的行为；如今我对他人，是听了他所说的话，还要看看他的行为举止。这都是由于宰予，我才有这样的改变。"

十一　子曰："吾未见刚者。"或对曰："申枨①。"子曰："枨也欲②，焉得刚③？"

注释

①申枨(chéng)：盖孔子弟子。②欲：情欲。③刚：强。

译文

孔子说："我没有见过刚毅不屈的人。"有人回答："申枨就是刚毅不屈的人。"孔子说："申枨这个人欲望太多，怎么能刚毅不屈呢？"

十二　子贡曰："我不欲人之加诸我也，吾亦欲无加诸人①。"子曰："赐也，非尔所及也②。"

注释

①我不欲人之加诸我也，吾亦欲无加诸人：加，强加。诸，相当于"于"。②非尔所及也：这还不是你能达到的境界。夫子以此警之。

译文

子贡说："我不愿别人强加于我的事，我也不愿强加在别人身上。"孔子说："赐呀，这还不是你所能达到的境界啊。"

十三　子贡曰："夫子之文章，可得而闻也①；夫子之言性与天道，不可得而闻也②。"

注释

①夫子之文章，可得而闻也：孔子之学有本性，有天道，有人道。文章，即"六艺"与"修齐治平"之学，此属人道，人道经常讲习，故可得而闻。②夫子之言性与天道，不可得而闻也：人性与天道，深微难知，能知之者，颜回、曾子、子贡数人而已。

译文

子贡说:"老师的知识学问,可以通过学习而获得;老师有关人性和天道的体悟,难以通过一般的学习而通达。"

十四　子路有闻①,未之能行,唯恐有闻②。

注释

①子路有闻:闻,听到。②唯恐有闻:唯恐又听到新道理。有,同"又"。

译文

子路听到一条道理,还没有来得及实践,便唯恐又听到新的道理。

十五　子贡问曰:"孔文子①何以谓之'文'也?"子曰:"敏而好学,不耻下问②,是以谓之'文'也。"

注释

①孔文子:卫国大夫孔圉(yǔ),"文"是其谥号,生前乱于家室。②敏而好学,不耻下问:下问,问在己下者。例如以贵问贱、以长问少、以多问寡,皆是下问,人以为耻,文子不然。

译文

子贡问老师:"孔文子这个人为什么能追谥为'文'呢?"孔子说:"他聪敏又好学,不以向地位比他低的人请教为羞耻,因此谥号为'文'。"

十六　子谓子产①,"有君子之道四焉:其行己也恭,其事上也敬,其养民也惠,其使民也义。"

注释

①子产：郑国大夫公孙侨，字子产。子产在郑简公、郑定公之时执政二十二年，是春秋时期郑国的良相。

译文

孔子称赞郑国子产，说："他有四种行为合乎君子之道：立身行事庄严谦恭，侍奉君上恭敬谨慎，教养民众广施恩惠，役使民众合乎时宜。"

十七　子曰："晏平仲①善与人交，久而敬之②。"

注释

①晏平仲：齐国大夫，姓晏，名婴，字平仲。②久而敬之：时间虽久，但仍能保持敬重。

译文

孔子说："晏平仲善于与人交往，时间久了亦仍能保持敬重。"

十八　子曰："臧文仲①居蔡②，山节③藻棁④，何如其知也？"

注释

①臧文仲：鲁国大夫，姓臧孙，名辰，字仲，"文"是谥号。②蔡：大龟。蔡地出善龟，便称大龟为蔡。臧孙三代为鲁国掌龟之大夫，故曰居蔡。③山节：刻成山形的斗拱。④藻棁：梁上的短柱，谓之棁（zhuō）。在棁上雕画藻文，谓之藻。

译文

孔子说："臧文仲藏了一只大龟，藏龟的屋子有雕成山形的斗拱，短柱上画以水草花纹,这种人怎么能算有智慧呢?"

十九　子张问曰:"令尹子文①三仕为令尹,无喜色;三已之,无愠色。旧令尹之政,必以告新令尹。何如?"子曰:"忠矣。"曰:"仁矣乎?"曰:"未知②,焉得仁?""崔子弑齐君,陈文子③有马十乘,弃而违之。至于他邦,则曰:'犹吾大夫崔子也。'违之。之一邦,则又曰:'犹吾大夫崔子也。'违之。何如?"子曰:"清矣。"曰:"仁矣乎?"曰:"未知,焉得仁?"

注释

①令尹子文:楚国的令尹,姓斗,名縠於菟(gòu wū tú),字子文。②知:同"智"。③陈文子:崔子、陈文子,皆是齐国大夫。

译文

子张问孔子:"令尹子文几次做楚国令尹,并没有特别高兴;几次被免职,也没有特别怨恨。(他每一次被免职)一定把自己的一切政事全部告诉来接任的新令尹。这个人怎么样?"孔子说:"可算得上是忠了。"子张问:"可算得上是仁了吗?"孔子说:"还没有达到智,怎么能算得上仁呢?"子张又问:"崔杼杀了他的君主齐庄公,陈文子家有四十匹马,都舍弃不要了,离开了齐国。到了另一个国家,他说:'这里的执政者也和我们齐国的大夫崔子差不多。'就离开了。又到了另一个国家,他说:'这里的执政者也和我们的大夫崔子差不多。'又离开了。这个人怎么样?"孔子说:"可算得上清白了。"子张说:"可算得上是仁了吗?"孔子说:"还没有达到智,怎么能算得上仁呢?"

二十　季文子三思①而后行。子闻之,曰:"再,斯可矣②。"

注释

①三思:反复思虑。②再,斯可矣:孔子此言盖专对季文子而发,并非指人人凡事再思即可。

译文

季文子这个人,遇事总是反复思考然后行动。孔子听后,说:"重复考虑一次就够了。"

二十一　子曰:"宁武子①,邦有道,则知;邦无道,则愚②。其知可及也,其愚不可及也。"

注释

①宁武子:卫国大夫宁俞,"武"是谥号。②邦有道,则知;邦无道,则愚:邦有道,则施其能,是谓智也;邦无道,则韬其光,是谓愚也。

译文

孔子说:"宁武子这个人,当国家有道时,他就显露才智;当国家无道时,他就韬光养晦。他的那种聪明才智别人可以学会,他的那种韬光养晦别人就学不会了。"

二十二　子在陈,曰:"归与①!归与!吾党②之小子狂简③,斐然成章,不知所以裁之。"

注释

①归与:回鲁国。②党:家乡。③狂简:狂简者,志在大道,而忽其小事。狂,进取。简,大。

译文

孔子在陈国说:"回去吧!回去吧!我家乡的学生有远大志向,但行为粗率简单;文采可观,但尚未明白大道,我不知道怎样去指导他们。"

二十三　子曰:"伯夷、叔齐①不念旧恶②,怨是用希。"

注释

①伯夷、叔齐:商朝末期孤竹国国君的两个儿子,互相礼让国位而逃往周文王那里。②不念旧恶:不念旧怨。

译文

孔子说:"伯夷、叔齐不惦记着别人以往所做的恶事,所以别人也很少怨恨他们。"

二十四　子曰:"孰谓微生高①直②?或乞醯③焉,乞诸其邻而与之。"

注释

①微生高:鲁国人,姓微生,名高。②直:微生高与女子约会于桥下,女子未至,大雨,水至,微生高守其信,抱桥柱不去,溺死。时人称其为直。③醯(xī):醋。

译文

孔子说:"谁说微生高这个人直爽?有人向他讨点醋,他(不直说没有,却暗地)到邻居家里讨了点儿给人家。"

二十五　子曰:"巧言、令色、足恭①,左丘明耻之②,丘亦耻之。匿怨而友其人③,左丘明耻之,丘亦耻之。"

注释

①巧言、令色、足恭：巧言出于口，令色现于容，足恭表于足。此三者皆虚情。②左丘明耻之：左丘明，鲁国太史，知春秋义理。③匿怨而友其人：内心怨恨别人，却装出友好的样子。

译文

孔子说："花言巧语、伪善的脸色、过分恭敬，左丘明觉得这样可耻，我也觉得这样可耻。把怨恨装在心里，表面上却装出友好的样子，左丘明觉得这样可耻，我也觉得这样可耻。"

二十六　颜渊、季路①侍②。子曰："盍各言尔志？"子路曰："愿车马衣轻裘与朋友共敝之而无憾。"颜渊曰："愿无伐善，无施劳。"子路曰："愿闻子之志。"子曰："老者安之，朋友信之，少者怀之。"

注释

①季路：子路。兄弟中，年龄最小的称季。②侍：陪在长者之侧。

译文

颜渊、子路侍立在孔子身边。孔子说："你们何不说说自己的志向？"子路说："我愿意把自己的车、马、衣、裘（皮衣）与朋友共同享用，就是用坏了，也不会怨恨、遗憾。"颜渊说："我希望自己有善事也不张扬，有功劳也不夸大。"子路说："我们也想听听您的志向。"孔子说："我希望老年人能得到安养，朋友之间能诚信相待，少年人能得到照顾。"

二十七　子曰："已矣乎，吾未见能见其过而内自讼①者也。"

注释

①自讼：自我责备。

译文

孔子说："算了吧，我从来没有见过发现自己有过失而在内心自责的人。"

二十八　子曰："十室之邑，必有忠信如丘者焉①，不如丘之好学也。"

注释

①必有忠信如丘者焉：忠信虽同，唯好学始能成为圣人。

译文

孔子说："哪怕只有十户人家的地方，也必定有人像我这样讲忠信，只是不如我这样好学而已。"

雍也篇第六

一　子曰:"雍①也可使南面②。"

注释

①雍:孔子弟子,姓冉,名雍。②南面:并非只有天子称南面,凡为诸侯、卿大夫、有土有爵者,即有治民之权者,皆可称为南面。

译文

孔子说:"冉雍这个人可以去治理政事。"

二　仲弓问子桑伯子①。子曰:"可也,简②。"仲弓曰:"居敬而行简,以临其民,不亦可乎？居简而行简,无乃大简乎？"子曰:"雍之言然。"

注释

①仲弓问子桑伯子:子桑,秦国大夫。仲弓,即冉雍,冉雍字仲弓。②可也,简:可也,可为政。政事简明,而民易从,故可为政。

译文

仲弓问子桑伯子这个人如何。孔子说:"此人尚可,他处事简约。"仲弓说:"立身庄重而行事简要,这样来治理百姓,不也可以吗？自己马马虎虎,又以简要的方法办事,这岂不是太简单了吗？"孔子说:"冉雍说得对。"

三　哀公问:"弟子孰为好学？"孔子对曰:"有颜回者好学,不迁怒①，不贰过②。不幸短命死矣，今也则亡，未闻好学者也。"

注释

①不迁怒：迁怒，此处指人发怒之后，怒气持续升高，难以制止。②不贰过：过，无心之过。颜回如犯某种过失，一经发觉，即不再犯。

译文

鲁哀公问孔子："你的学生中哪个最好学？"孔子回答："有一个叫颜回的学生最好学，他能忍止烦恼，不使怒气续发；无心所犯的过失，一经发觉，即不再犯。可惜他不幸短命死了，现在再没有那样的人了，没有听说谁是好学的。"

四　子华①使于齐，冉子②为其母请粟。子曰："与之釜③。"请益。曰："与之庾④。"冉子与之粟五秉⑤。子曰："赤之适齐也，乘肥马，衣轻裘。吾闻之也：君子周急⑥不继富⑦。"

注释

①子华：孔子弟子，姓公西，名赤，字子华。②冉子：冉有。③釜：古代量具，一釜合六斗四升。④庾：古代量名，一庾合二斗四升。⑤秉：古代量名，一秉合十六斛，古代以十斗为斛，译为八十石。⑥周急：周，同"赒"，救济。⑦继富：将财物给富有之人，使其富上加富。

译文

子华出使齐国，冉有替子华的母亲向孔子请求补助一些谷米。孔子说："给他六斗四升。"冉有请求再增加一些。孔子说："再给他二斗四升。"冉有却给了他八十石。孔子说："公西赤到齐国去，乘坐着壮马驾的车子，穿着又暖和又轻便的皮袍。我听说过：君子只救急难，不助富有。"

五　原思①为之宰，与之粟九百，辞②。子曰："毋！以与尔邻里乡党乎！"

注释

①原思：孔子弟子原宪，字子思。②与之粟九百，辞：九百，九百斗；辞，辞让不受。

译文

原思给孔子当家臣，孔子给他小米九百，原思推辞不要。孔子说："不要推辞！（如果有多的）拿去送给你的乡亲们吧！"

六　子谓仲弓，曰："犁牛之子骍①且角②，虽欲勿用，山川其舍诸？"

注释

①骍：赤色。②角：两角长得周正。

译文

孔子评论仲弓，说："耕牛的牛犊长着纯正的红毛，角也长得整齐端正，人们虽然不想用它作祭品，但是山川之神会舍弃它吗？"

七　子曰："回也，其心①三月②不违仁③，其余则日月至焉而已矣。"

注释

①其心：颜回之心。②三月：孔子自言观察颜回三个月之久。③不违仁：不背离仁德。违，违背。

译文

孔子说:"颜回这个人,他的心可以长时间地不背离仁德,其余的学生则只能在短时间内做到仁而已。"

八　季康子问:"仲由可使从政也与?"子曰:"由也果,于从政乎何有①?"曰:"赐也可使从政也与?"曰:"赐也达,于从政乎何有?"曰:"求也可使从政也与?"曰:"求也艺,于从政乎何有?"

注释

①于从政乎何有:孔子不以肯定之词答,但说三弟子各有所长,听其自决。

译文

季康子问孔子:"仲由这个人,可以让他从政吗?"孔子说:"仲由做事果敢,从政有何不可呢?"季康子又问:"端木赐这个人,可以让他从政吗?"孔子说:"端木赐通达事理,从政有何不可呢?"季康子又问:"冉求这个人,可以让他从政吗?"孔子说:"冉求很有才能,从政有何不可呢?"

九　季氏使闵子骞为费宰①。闵子骞曰:"善为我辞焉!如有复我者,则吾必在汶上矣。"

注释

①季氏使闵子骞为费宰:闵子骞,孔子弟子闵损,字子骞。时季氏掌权,欲使

63

闵子骞为费宰。然闵子骞不愿遂季氏之私,故辞之。

译文

季氏派人请闵子骞去做费邑的长官。闵子骞(对来请他的人)说:"请你好好替我推辞吧!如果再来召我,那我一定逃到汶水北边(指齐国)去了。"

十　伯牛有疾①,子问之,自牖执其手②,曰:"亡之③,命矣夫!斯人也而有斯疾也!斯人也而有斯疾也!"

注释

①伯牛有疾:伯牛,孔子弟子冉耕,字伯牛。冉耕得恶疾,孔子前往慰问。②自牖执其手:牖,窗户。伯牛家人因其恶疾,不愿孔子进病人之屋,故孔子从窗户见之。③亡之:亡,丧。然当病人面说其亡,似不合情理,可解释为无,亡之,无可以致此疾之理也。

译文

伯牛病了,孔子前去探望他,从窗户握着他的手说:"没有道理呀,这是命里注定的吧!这样的人竟会得这样的病啊!这样的人竟会得这样的病啊!"

十一　子曰:"贤哉,回也①!一箪食,一瓢饮,在陋巷②,人不堪其忧,回也不改其乐。贤哉,回也!"

注释

①贤哉,回也:回,颜回。②一箪食,一瓢饮,在陋巷:餐具不备,乃以竹器代碗盛食,饮则以瓢舀之,住在陋巷。

译文

孔子说:"颜回贤能啊!用箪(盛饭的圆形竹器)盛饭,用瓢(以瓠剖成两半用来盛水)舀水,住在粗陋的巷子,别人忧愁得难以忍受,颜回却仍然不改其乐。颜回贤能啊!"

十二 冉求曰:"非不说子之道,力不足也。"子曰:"力不足者,中道而废,今女画①。"

注释

①今女画:画,停止。

译文

冉求说:"我不是不喜欢您的学说,实在是能力不足啊。"孔子说:"能力不足的人,顶多在中途休息片刻再前进,而你现在则是划地自限。"

十三 子谓子夏曰:"女为君子儒①,无为小人儒②!"

注释

①君子儒:君子式的儒者,为治国平天下而学,以利天下人为己任。②小人儒:小人式的儒者,为自己正心修身而学。

译文

孔子对子夏说:"你要成为君子式的儒者,不要做小人式的儒者!"

十四　子游为武城宰。子曰:"女得人焉耳乎?"曰:"有澹台灭明者①,行不由径②,非公事,未尝至于偃之室也。"

注释

①有澹台灭明者:《史记·仲尼弟子列传》记载,澹台灭明,字子羽,少孔子三十九岁。②行不由径:径,小路。

译文

子游做了武城的长官。孔子说:"你在那儿得到人才没有?"子游回答:"有一个叫澹台灭明的人,从来不走小路,没有公事从不到我屋子里来。"

十五　子曰:"孟之反①不伐,奔而殿,将入门,策其马,曰:'非敢后也,马不进也。'"

注释

①孟之反:鲁国大夫,姓孟,名之侧。

译文

孔子说:"孟之反不喜欢夸耀自己,军队败退的时候,他留在最后掩护全军,军队快进城门的时候,他鞭打着自己的马说:'不是我敢于殿后,是马不走啊。'"

十六　子曰:"不有祝鲍①之佞②,而有宋朝③之美,难乎免于今之世矣。"

注释

①祝鮀：卫国大夫，字子鱼。②佞：善辩，口才好。③宋朝：宋国的公子朝，有美色，出奔卫国，卫灵公夫人南子宠之。

译文

孔子说："没有祝鮀那样的口才，而有宋朝那样的美貌，那在今天的社会就很难立足了。"

十七　子曰："谁能出不由户①？何莫由斯道也？"

注释

①谁能出不由户：户，门。

译文

孔子说："谁能不经过屋门而走出去呢？为什么没有人走（我所指出的）这条道路呢？"

十八　子曰："质胜文则野①，文胜质则史②。文质彬彬③，然后君子。"

注释

①质胜文则野：胜，作"多"字讲。质，本质。文，文采。野，粗俗。②文胜质则史：史，古注有二义，一是史书，二是史官。文多于质，则如史书。由于写史的人好恶不同，因此史书所记载的史事不免文过其实，有失其真。③文质彬彬：文与质均衡交融。彬彬，融合之相。

译文

孔子说:"质朴多于文采,就会流于粗俗;文采多于质朴,就会流于虚伪、浮夸。只有质朴和文采配合恰当,才是君子。"

十九　子曰:"人之生也直①,罔之生也幸而免②。"

注释

①人之生也直:人生存于人世,必须正直,正直是生存之道。直,正直。②罔之生也幸而免:不正直的人亦能生存,如祝鲍之佞,是因为他们侥幸躲过了灾祸。罔,曲、不正直。

译文

孔子说:"一个人能生存是由于正直,而不正直的人也能生存,只因为他侥幸避免了灾祸。"

二十　子曰:"知之者①不如好之者②,好之者不如乐之者③。"

注释

①知之者:知道它的人。②好之者:喜好它的人。③乐之者:以它为乐的人。

译文

孔子说:"(对求学的人来说)知道它不如喜好它,喜好它不如实有所得而乐在其中。"

二十一　子曰:"中人以上,可以语上也①;中人以下,不可以语上也②。"

注释

①中人以上，可以语上也：施教须依差等，循循诱进。中等资质以上，可以与语上等之道理。②中人以下，不可以语上也：若中等资质以下，则不可与中等资质以上同等而语，语之非但不解，更生误会。

译文

孔子说："中等资质以上的人，可以和他谈论高深的道理；中等资质以下的人，难以和他谈论高深的道理（只能谈浅显的道理）。"

二十二　樊迟问知。子曰："务民之义①，敬鬼神而远之，可谓知矣。"问仁。曰："仁者先难而后获，可谓仁矣②。"

注释

①务民之义：民之义，就是《礼记·礼运》篇所说的人伦十义。《礼运》篇："父慈，子孝，兄良，弟悌，夫义，妇听，长惠，幼顺，君仁，臣忠。十者谓之人义。"②仁者先难而后获，可谓仁矣：先难而后获，历经艰辛后取得收获。

译文

樊迟问怎样才算是智。孔子说："专心致力于（提倡）老百姓应该遵从的道德，尊敬鬼神但要远离它，可称为智了。"樊迟又问怎样才算是仁。孔子说："仁就是先历经艰辛后取得收获，这可称为仁了。"

二十三　子曰："知者乐水，仁者乐山①。知者动，仁者静。知者乐，仁者寿。"

注释

①知者乐水,仁者乐山:乐,喜好。

译文

孔子说:"智者喜好水,仁者喜好山。智者活跃,仁者娴静。智者优游,仁者长寿。"

二十四　子曰:"齐一变,至于鲁①;鲁一变,至于道②。"

注释

①齐一变,至于鲁:齐国一改革可达到鲁国的水平。变,变革。②鲁一变,至于道:鲁国一改革可达到正道。

译文

孔子说:"齐国一改革,可以达到鲁国的水平;鲁国一改革,就可以达到先王之道了。"

二十五　子曰:"觚不觚①,觚哉?觚哉?"

注释

①觚(gū)不觚:觚,酒器,盛酒二升。觚必限盛二升,如非二升,则非觚矣。凡是不守本分者,如君不君,臣不臣,父不父,子不子,皆可言,觚不觚,觚哉?觚哉?

译文

孔子说:"觚不像个觚了,还是觚吗?还是觚吗?"

二十六　宰我问曰:"仁者,虽告之曰'井有仁焉①。'其从之也?"子曰:"何为其然也?君子可逝②也,不可陷也;可欺也,不可罔也③。"

注释

①井有仁焉:仁,同"人",则意为有人堕入井中,仁者入井以救之。若不改"仁"字,谓井中有仁道之事,仁者入井以行仁道。②逝:往、去,指前去井边。③可欺也,不可罔也:罔,愚弄。

译文

宰我问道:"假如告诉仁者说:'井里有个仁人啊。'他会跟着下去吗?"孔子说:"怎么能这样做呢?君子会去救人,却不会自己陷进去;你可以欺骗他,却不可以愚弄他。"

二十七　子曰:"君子博学于文①,约之以礼②,亦可以弗畔矣夫③!"

注释

①君子博学于文:博学于文,多念书。②约之以礼:《曲礼》云,道德仁义,非礼不成。③亦可以弗畔矣夫:畔,一作"叛"字讲。弗畔,即不离经叛道之意。又作"偏"字讲。弗畔,作合乎中道讲,语气和平。

译文

孔子说:"君子广泛地学习经典,又以礼来约束自己,也就可以不离经叛道了!"

二十八　子见南子①,子路不说。夫子矢②之曰:"予所否者,天厌之!天厌之!"

注释

①子见南子：孔安国等以为，南子者，卫灵公夫人也，淫乱，而灵公惑之。孔子见之者，欲因以说灵公，使行治道也。②矢：誓也。子路不悦，故夫子誓之。

译文

孔子去见南子，子路不高兴。孔子发誓说："如果我做了什么不正当的事，让上天谴责我吧！让上天谴责我吧！"

二十九　子曰："中庸①之为德也，其至矣乎！民鲜久矣。"

注释

①中庸：居中不偏，无过无不及。

译文

孔子说："中庸作为一种道德，已经是最高的标准了！人们缺少这种道德已经很久了。"

三十　子贡曰："如有博施于民而能济众，何如？可谓仁乎？"子曰："何事①于仁！必也圣乎！尧、舜其犹病诸！夫仁者，己欲立而立人，己欲达而达人。能近取譬，可谓仁之方也已。"

注 释

①何事：岂止。

译 文

子贡说："假若有一个人，能广泛施惠于民并且能赈济大众，怎么样？可以算是仁人了吗？"孔子说："岂止是仁人！简直是圣人了！就连尧、舜尚且难以做到呢！至于仁人，就是自己想站得住，也要帮助他人一同站得住；自己想过得好，也要帮助他人一同过得好。凡事能就近以自己作比，而推己及人，可以说是实行仁道的方法了。"

述而篇第七

一　子曰:"述而不作①,信而好古,窃比于我老彭②。"

注释

①述而不作:传述前人之学,而不自己创作。②老彭:一说指老子和彭祖,一说为商代之贤大夫。

译文

孔子说:"只传述前人的文章典籍,不创作新说,相信古人,喜好古道,私底下我把自己比作商朝的老彭。"

二　子曰:"默而识之①,学而不厌②,诲③人不倦,何有于我哉?"

注释

①默而识之:所学默记于心中。②学而不厌:学无止境,故须学不厌烦。③诲:教导。

译文

孔子说:"所学默记在心,勤学不厌烦,教人不疲倦,哪一条是我所具备的呢?"

三　子曰:"德①之不修,学②之不讲,闻义不能徙③,不善不能改④,是吾忧也。"

注释

①德:乃人所固有之美德。②学:学术,必须讲究。③闻义不能徙:闻悉奥义,当迁徙之,循义而行。④不善不能改:不善是过,贵能改之。

译文

孔子说:"品德不用心修养,学问不去讲习,听到义在那里时不能努力以赴,知错不能勇于改过,这些都是我所忧虑的啊。"

四 子之燕居,申申如也①,夭夭如也②。

注释

①申申如也:正直自然。②夭夭如也:和蔼之貌。

译文

孔子闲居时,仪态温和舒畅,神色和悦。

五 子曰:"甚矣吾衰也!久矣吾不复梦见周公!"①

注释

①"子曰"句:孔子思念周公,欲行其道,故常梦见周公。后以东周日衰,自己亦已年老,乃不思周公矣,不思则不梦,故有此感叹。

75

译文

孔子说:"我衰老得多厉害啊!我已经很长时间没有再梦见周公了!"

六　子曰:"志于道①,据于德②,依于仁③,游于艺④。"

注释

①志于道:以道为志者。②据于德:据守于德者。③依于仁:依靠于仁者。依,倚。④游于艺:游于艺者。艺,才能。礼、乐、射、御、书、数六艺,以及百工技能,皆为艺术。

译文

孔子说:"以道为志向,以德为所恃,以仁为所倚,优游于六艺之中。"

七　子曰:"自行束脩①以上,吾未尝无诲焉。"

注释

①束脩(xiū):古人相见必执物为贽,束脩为十束脯,是贽礼之物。

译文

孔子说:"只要主动拿贽礼来见我的人,我从来没有不给他教诲的。"

八　子曰:"不愤不启①,不悱不发②。举一隅不以三隅反③,则不复也。"

注释

①不愤不启:学者发愤求之而未悟,孔子乃为启示之。②不悱不发:学者研究

有得而未能说明，孔子乃为启发之，使其豁然贯通。③举一隅不以三隅反：不能举一反三反者。

> **译 文**

孔子说："不是发愤求学却没有所悟的人，我是不会去开导的；不是学有所得却难以表达的人，我是不会去启发的。不能举一反三的人，我是不会重复教的。"

九　子食于有丧者之侧，未尝饱也①。

> **注 释**

①子食于有丧者之侧，未尝饱也：有丧者，家有丧事的人。

> **译 文**

孔子在有丧事的人旁边吃饭，不曾吃饱过。

十　子于是日①哭，则不歌。

> **注 释**

①是日：这日。

> **译 文**

孔子如果在这一天为吊丧而哭泣过，就不再歌咏了。

十一　子谓颜渊曰："用之则行①，舍之②则藏，惟我与尔有是夫！"子路曰："子行三军③，则谁与？"子曰："暴虎冯河④，死而无悔者，吾不与也。必也临事而惧，好谋而成者也。"

注释

①用之则行:用,任用。行,行其道。②舍之:不被任用。舍,舍弃。③子行三军:行三军,率领三军。④暴虎冯河:暴虎,徒手与老虎搏斗;冯河,徒步过大河。

译文

孔子告诉颜渊:"若能任用我,我就把治国平天下的大道推行于世(兼善天下),若不能任用我,我就将这些治国平天下的大道藏之于身(独善其身),只有我与你能做到这样啊!"子路说:"如果您率领三军作战,与谁同往呢?"孔子说:"空手与虎搏斗,徒身渡河,到死都不知道悔悟的人,只是凭着血气之勇,我是不会与他同往的。必须是遇到事情能小心谨慎、善于谋划而成事的人(我才与他同往)。"

十二 子曰:"富而可求也,虽执鞭之士①,吾亦为之。如不可求,从吾所好②。"

注释

①执鞭之士:地位低下的官吏。②如不可求,从吾所好:富如不可求,乃不合乎道,则从吾所好,而不求也。

译文

孔子说:"富贵如果可以求得来,就是执鞭这种低贱的工作,我也愿意做。如果不可求,还是顺从我自己的喜好。"

十三 子之所慎:齐①,战②,疾③。

注释

①齐：斋戒，《礼记·祭统》曰："及时将祭，君子乃齐。"②战：战争。③疾：疾病。生病最惧误于庸医，乱投药石。《曲礼》云："医不三世，不服其药。"

译文

孔子慎重对待的事有斋戒、战争和疾病。

十四　子在齐闻《韶》①，三月不知肉味，曰："不图为乐之至于斯也。"

注释

①《韶》：舜时的乐曲名。

译文

孔子在齐国听到了《韶》乐，很长时间尝不出肉的美味，说："想不到《韶》乐的美达到了这样迷人的境地。"

十五　冉有曰："夫子为卫君乎？"子贡曰："诺，吾将问之。"入，曰："伯夷、叔齐何人也？"曰："古之贤人也。"曰："怨乎①？"曰："求仁而得仁，又何怨②。"出，曰："夫子不为也。"

注释

①怨乎：怨，指伯夷怨父，叔齐怨兄。②求仁而得仁，又何怨：伯夷、叔齐兄弟让国，孔子赞为求仁得仁。

译文

冉有（问子贡）说："老师会帮助卫国的国君吗？"子贡说："嗯，我去问他。"于是子贡就进去问孔子："伯夷、叔齐是什么样的人呢？"（孔子）说："古代的贤人。"（子贡又）问："他们有怨恨吗？"（孔子）说："他们求仁而得到了仁，为什么会怨恨呢？"（子贡）出来（对冉有）说："老师不会帮助（卫国的国君）。"

十六　子曰："饭疏食①饮水，曲肱而枕之，乐亦在其中矣②。不义而富且贵，于我如浮云。"

注释

①疏食：一说认为是菜食，一说认为是粗饭，翟氏《四书考异》认为，疏兼有粗、菜二义。②乐亦在其中矣：《中庸》云："率性之谓道。"有道，无所不乐。朝闻道，夕死犹可，何况贫穷。

译文

孔子说："吃粗食，饮凉水，弯曲手臂当枕头睡，乐趣就在这当中啊。不合义理而得到的富贵，对我来说就像天边的浮云一般（虚无缥缈）。"

十七　子曰："加我数年，五十以学《易》①，可以无大过矣。"

注释

①五十以学《易》：孔子何年学《易》，诸注纷纭难考。《史记·孔子世家》谓在晚年。《论语义疏》认为孔子尔时年已四十五六，故云"加我数年，五十以学《易》"。

译文

孔子说："让我多活几年，到五十岁时去研习《易经》，就能没有大的过失了。"

十八　子所雅言，《诗》《书》、执礼，皆雅言也①。

注释

①子所雅言，《诗》《书》、执礼，皆雅言也：言语有地方之殊，有时代之异，《诗》《书》等五经皆先王典法，读音解义不能随时随地变迁，故读《诗》《书》，宣礼仪，皆以雅言，不用土音，务须正其本音，音正然后义全，纵遇君亲师长之名，亦不可讳。

译文

孔子有时讲规范语言，吟诵《诗经》《尚书》及行礼时，都是如此。

十九　叶公问孔子于子路，子路不对①。子曰："女奚不曰：'其为人也，发愤忘食，乐以忘忧，不知老之将至云尔。'"

注释

①叶公问孔子于子路，子路不对：叶公，名诸梁，字子高，楚国大夫。不对，不回答。

译文

叶公向子路询问孔子(是什么样的人),子路不回答。孔子(得知后)说:"你何不回答:'这个人啊,一发愤用功,连吃饭都忘了;学习有心得的时候,心里感到快乐,就把一切忧虑全忘了;甚至连自己已经快要老了都不知道。'"

二十　子曰:"我非生而知之者①,好古,敏以求之者也。"

注释

①我非生而知之者:盖此言劝勉人学习。

译文

孔子说:"我不是天生就知道一切道理的,我只是喜欢研读古代典籍,又很勤敏用功,通过努力才求来的。"

二十一　子不语怪,力,乱,神①。

注释

①子不语怪,力,乱,神:怪,怪异;力,勇力;乱,臣弑君,子弑父;神,鬼神之事。不语,假设有人问此等事,孔子不为解释,免其习为恶事。

译文

孔子不谈论怪异、勇力、悖乱、鬼神。

二十二　子曰:"三人行,必有我师焉:择其善者而从之,其不善者而改之。"①

注释

①"子曰"句：善，好的方面。

译文

孔子说："三人同行，必定有我可以学习效法的地方：择取其中好的地方学习，不好的地方改正。"

二十三　子曰："天生德于予，桓魋①其如予何？"

注释

①桓魋(tuí)：司马向魋，因为是宋桓公的后代，故亦称桓魋，其人甚恶，欲杀孔子。

译文

孔子说："上天把德赋予了我，桓魋能把我怎么样呢？"

二十四　子曰："二三子①以我为隐乎？吾无隐乎尔②。吾无行而不与二三子者，是丘也。"

注释

①二三子：孔子的弟子。②吾无隐乎尔：孔子智广道深，弟子学之不能及，以为有所隐匿。故孔子解之。

译文

孔子说："学生们，你们以为我对你们有什么隐瞒的吗？我是丝毫没有隐瞒的。我没有什么事不是和你们一起去做的。我孔丘就是这样的人。"

二十五　子以四教：文①，行②，忠③，信④。

注释

①文：典籍辞义。②行：孝悌恭睦等德行。③忠：臣子忠于君主。④信：与人交际的诚信。

译文

孔子以六艺典籍、德行、忠诚、守信四项内容教授学生。

二十六　子曰："圣人，吾不得而见之矣①；得见君子②者，斯可矣。"子曰："善人，吾不得而见之矣；得见有恒者，斯可矣。亡而为有，虚而为盈，约而为泰，难乎有恒矣。"

注释

①圣人，吾不得而见之矣：如今的世道是看不到圣人了。圣人，指品德最高尚、智慧最高超的人。②君子：据《孔子家语·辩政》，孔子称子产于民为惠主，晏子于君为忠臣，孔子皆以兄事之，此三人皆可称为君子。

译文

孔子说："圣人，我是看不到了；能看到君子，这就可以了。"孔子又说："善人，我是看不到了；能见到始终如一（保持好的品德）的人，这也就可以了。没有却假装拥有，空虚却假装充实，穷困却假装富足，这样的人是难以坚守住好品德的。"

二十七　子钓而不纲①，弋不射宿②。

注释

①子钓而不纲：孔子钓鱼时，只用一竿一钩，不用纲绳多钩。②弋不射宿：射鸟时，只射飞鸟，不射栖宿之鸟。

译文

孔子钓鱼，却不用多钩去钓鱼；射鸟只射飞鸟，不射巢中歇宿的鸟。

二十八　子曰："盖有不知而作之者，我无是也①。多闻，择其善者而从之；多见而识之；知之次也②。"

注释

①盖有不知而作之者，我无是也：盖，大概。作，创造。②多闻，择其善者而从之；多见而识之；知之次也：知之次，次一等的知，指比"生而知之"次一等。

译文

孔子说："有一种人什么都不懂却在那里凭空创造，我却没有这样做过。多听，选择其中好的方面来依从；多看，然后加以辨别；这是仅次于'生而知之'的智慧。"

二十九　互乡①难与言，童子见，门人惑。子曰："与其进也，不与其退也，唯何甚②？人洁己以进，与其洁也，不保其往也。"

注释

①互乡：乡名。②何甚：过当、过分。

译文

（孔子认为）很难与互乡那个地方的人谈话，但互乡的一个童子却受到了孔子的接见，学生们都感到迷惑不解。孔子说："我是肯定他的进步，不是肯定他的倒退，何必做得太过分呢？人家改正了错误以求进步，应该鼓励他改正错误，不要追究他的过去。"

三十　子曰："仁远乎哉？我欲仁，斯仁至矣①。"

注释

①我欲仁，斯仁至矣：欲，想要。欲如利器，用在乎人。欲仁仁至，欲色色至。色至则无道，仁至则有道。

译文

孔子说："仁难道离我们很远吗？我想要达到仁，仁就来了。"

三十一　陈司败①问昭公知礼乎，孔子曰："知礼。"

孔子退，揖巫马期而进之，曰："吾闻君子不党，君子亦党乎？君取于吴，为同姓，谓之吴孟子。君而知礼，孰不知礼？"

巫马期以告。子曰："丘也幸②，苟有过，人必知之。"

注释

①陈司败：陈国之司败。司败，官名。②丘也幸：幸，幸运。

译文

陈国司败向孔子询问鲁昭公懂不懂礼,孔子说:"懂得礼。"

孔子出来后,陈国司败向巫马期作了个揖,请他走近自己,对他说:"我听说,君子是没有偏私的,难道君子还包庇别人吗?鲁君在吴国娶了一个同姓的女子做夫人,是国君的同姓,称她为吴孟子。如果鲁君算是知礼,还有谁不知礼呢?"

巫马期把这话告诉了孔子。孔子说:"我真是幸运,如果有错,有人能及时指出来。"

三十二　子与人歌而善,必使反之,而后和之[①]。

注释

[①]而后和之:古时宴客,有歌有和,礼也。

译文

孔子同别人一起唱歌,如果唱得好,一定要请他再唱一遍,然后再应和他。

三十三　子曰:"文[①],莫[②]吾犹人也。躬行君子,则吾未之有得。"

注释

①文：文章典故。②莫：勉强。

译文

孔子说:"就书本知识来说,我和别人差不多。在生活中身体力行地做一个君子,那我还没有做到。"

三十四 子曰:"若圣与仁,则吾岂敢①?抑为之不厌,诲人不倦,则可谓云尔已矣。"公西华曰:"正唯弟子不能学也。"

注释

①若圣与仁,则吾岂敢:孔子是至圣,然并不自名圣人、仁者,甚至君子之名亦不自许,谦德如此,所以能为至圣。

译文

孔子说:"说到圣与仁,那我怎么敢当?不过(向圣与仁的方向)努力实行而不满足,教诲别人也从不感觉疲倦,则可以这样说。"公西华说:"这正是我们这些学生学不了的。"

三十五 子疾病①,子路请祷②。子曰:"有诸③?"子路对曰:"有之;《诔》④曰:'祷尔于上下神祇。'"子曰:"丘之祷久矣。"

注释

①疾病:重病。②请祷:向鬼神祷告祈求。③有诸:"诸"字是"之乎"的合音字。④《诔》:叙述死者生前的事迹,以定其谥号。

译文

孔子病重，子路向鬼神祈祷。孔子说："有这回事吗？"子路说："有的；《诔》文上说：'为你向天地神灵祈祷。'"孔子说："我早就在祈祷了。"

三十六　子曰："奢则不孙①，俭则固②。与其不孙也，宁固。"

注释

①奢则不孙：奢，奢侈。孙，同"逊"，不逊就是不恭顺。②俭则固：俭，节俭。固，鄙陋。

译文

孔子说："一个人如果奢侈浮华，就会缺乏谦虚忍让；如果过分节省，就会显得简陋草率。两相比较，与其不能谦虚忍让，宁可简陋一些。"

三十七　子曰："君子坦荡荡①，小人长戚戚②。"

注释

①君子坦荡荡：坦荡荡，君子的心境平坦广大。②小人长戚戚：长戚戚，多忧惧。

译文

孔子说："君子心胸宽广，光明正大，因此坦然自在；小人自私自利，患得患失，所以常怀忧惧。"

三十八　子温而厉，威而不猛，恭而安①。

注释

①子温而厉,威而不猛,恭而安:普通人,温与厉不能兼而有之,威又必然带猛,恭敬便显得拘束不安。孔子不然,望之俨然,即之也温,听其言也厉。有威仪,但不凶猛。恭而有礼,但无拘束,一切安详自适。

译文

孔子待人,温和而严肃,威严却不粗暴,谦恭而安详。

泰伯篇第八

一　子曰："泰伯①，其可谓至德也已矣。三以天下让，民无得而称焉。"

注　释

①泰伯：古公亶父有三个儿子，长子泰伯，次子仲雍，少子季历。泰伯是法定的君位继承人，但古公亶父认为季历的儿子昌，有圣人的瑞相，预料他将能兴周，有意传位给季历，以便再传给昌，但未明显表示。泰伯了解古公亶父的意思，于是和仲雍一同拜别父亲，到了江南的吴地，从当地习俗，断发文身。伯仲二兄既出，季历不能出，必须在家事父。古公亶父临终，遗嘱季历，报丧给泰伯和仲雍。古公薨，季历遵嘱接回伯仲。丧事毕，泰伯和仲雍计议让位给季历，季历不受。泰伯乃言自己已经断发文身，不能再治理国家，又同仲雍出国至吴。季历遂立为君，后来传位给昌，昌的儿子名发，伐纣成功，为周武王，尊昌为文王。

译　文

孔子说："泰伯，可以说是品德至高无上的人了。他三次把王位让出，老百姓都不知该如何来称颂他了。"

二　子曰："恭而无礼则劳①，慎而无礼则葸②，勇而无礼则乱③，直而无礼则绞④。君子笃于亲⑤，则民兴于仁⑥；故旧不遗，则民不偷⑦。"

注释

①恭而无礼则劳：恭敬若不合乎礼，则必劳苦，而又贻笑大方。②慎而无礼则葸(xǐ)：谨慎若不知礼，便会懦弱。葸，畏惧不前。③勇而无礼则乱：勇敢而无礼，凡事做得过分，便会扰乱上下左右的秩序。④直而无礼则绞：直率而无礼，便如绞绳一样，愈绞愈紧，终必绞断。⑤君子笃于亲：君子，居在上位的人。笃，厚。亲，亲属，主要是指父母兄弟。⑥则民兴于仁：在位的君子以身作则，便能感化国民，如果君子厚待他的父母兄弟，则国民就会致力于仁德。⑦故旧不遗，则民不偷：故旧，老朋友。偷，薄。君子不遗弃他的老朋友，则国民风俗就不会淡薄。

译文

孔子说："恭敬而不符合礼，就会劳累；谨慎而不符合礼，就会懦弱；勇猛而不符合礼，就会莽撞；直爽而不符合礼，就会说话尖刻。君子能厚待自己的亲属，老百姓就致力于仁德；君子不遗弃老朋友，老百姓就不会对人冷漠无情了。"

三　曾子有疾，召门弟子曰："启予足！启予手①！《诗》云：'战战兢兢，如临深渊，如履薄冰②。'而今而后，吾知免夫！小子③！"

注释

①启予足！启予手：曾子病得很重，自料将要去世，便召他的门下弟子来，嘱咐弟子们看看他的脚和手，表示他的身体未尝毁伤。②战战兢兢，如临深渊，如履薄冰：战战，恐也。兢兢，戒也。如临深渊，恐坠也。如履薄冰，恐陷也。这三句诗的大意是说：战兢戒惧，像站在深水岸边，恐怕坠落下去，又像走在薄薄的冰上，恐怕陷入冰下的水里。说明他平时是那样小心地保护身体。③而今而后，吾知免夫！小子：他告诉弟子，从今以后，他自知可以免于损道了，这是曾老夫子对弟

子最切实的言传身教。

译文

曾子病了，把弟子叫到身边说道："看看我的脚！看看我的手（看看有没有损伤）！《诗经》上说：'小心谨慎呀，如同面临深渊，如同践履薄冰。'从今以后，我知道我的身体是不会再受到损伤了！弟子们！"

四　曾子有疾，孟敬子①问之。曾子言曰："鸟之将死，其鸣也哀；人之将死，其言也善。君子所贵乎道者三：动容貌，斯远暴慢矣；正颜色，斯近信矣；出辞气，斯远鄙倍矣。笾豆之事，则有司存。"②

注释

①孟敬子：即仲孙捷。鲁国大夫，孟武伯之子，名捷，"敬"是谥号。②"曾子言曰"句：曾子患病，孟敬子去探问。曾子主动赠言，先说鸟将死时，鸣声必哀，人将死时，言意必善。然后就劝告敬子，君子所要注重的事情有三项：一是注重容貌，从仪容举止，推及一切事，都有秩序，这样能远离他人的暴慢不敬。二是正其颜色，对人要态度庄重，这样能令人以信实相待。三是说话要说得适当，要说得清楚，这样能避免浅陋背理。至于一般礼仪，如祭祀礼仪，则有专门负责的官吏去做。依此三者而行，则身心言语皆合乎礼，立见其效。

译文

曾子病了，孟敬子去看望他。曾子对他说："鸟快死去时，叫声是悲哀的；人快死去时，说的话是善意的。君子所应当重视的道有三个方面：容貌庄重严肃，这样可以避免粗暴、放肆；端正仪态神色，这样就接近于诚信；注意言辞声调，这样就可以避免粗野和背理。至于祭祀和礼节仪式，自有主管这些事务的官吏来负责。"

五　曾子曰:"以能问于不能,以多问于寡;有若无,实若虚;犯而不校①——昔者②吾友③尝从事于斯矣。"

注释

①犯而不校:他人冒犯我,而我不报复。校,报复。②昔者:曾子说此话时,颜回已卒,故称"昔者"。昔,前。③友:指颜回。

译文

曾子说:"有才能却向没有才能的人请教,见识多却向见识少的人请教;有学问却像没学问一样,知识很充实却好像很空虚一样;被人冒犯也不报复——从前我的一位朋友(颜回)就这样做过。"

六　曾子曰:"可以托六尺之孤①,可以寄百里之命②,临大节而不可夺也③。君子人与?君子人也。"

注释

①可以托六尺之孤:托,委托。孤,父死以后,子称孤子。六尺,古时尺短,身高六尺,约为十五岁,十五岁以下,统称六尺之孤。君主在命终之际,顾念其子孤幼,乃委托可靠之人辅佐,名为托孤。②可以寄百里之命:寄,托的意思。百里,封建时代,诸侯受封的国土,约方圆百里。命,国家政令。托孤必然同时寄命,即将国家大事一并拜托此人帮助幼君治理。③临大节而不可夺也:承受托孤与寄命之人,一旦面临国家存亡的紧要关头,不为一切利害改变其意志,而能全始全终。

译文

曾子说:"可以把年幼的君主托付给他,可以把国家的政权托付给他,面临生死存亡的紧急关头而不动摇屈服。这样的人称得上君子吗?当然是君子啊。"

七　曾子曰："士不可以不弘毅①，任重而道远。仁以为己任，不亦重乎？死而后已，不亦远乎？"

注释

①弘毅：刚强果断。

译文

曾子说："士人不能不宽宏坚毅，因为责任重大而路途遥远。他以行'仁道'于天下为己任，这个责任不是很重大吗？至死方休，这段路程不是很远吗？"

八　子曰："兴于诗①，立于礼②，成于乐③。"

注释

①兴于诗：兴，发。②立于礼：学诗，必须同时学礼，然后能立。立，立足。③成于乐：学诗学礼，犹未完备，尚须学乐才成。乐，音乐。

译文

孔子说："（一个人的修养）开始于学诗，自立于学礼，完善于学乐。"

九　子曰："民可使由之①，不可使知之②。"

注释

①民可使由之：民，民众。由，行。之，所指的当是政治与教育。②不可使知之：礼乐，一般民众皆可以学而行之，但教他们了解礼乐如何通大道的义理，即使圣人也不能用言语给他们说明白。

译文

孔子说:"可以让民众按道行事,却无法让他们懂得这样做的道理。"

十　子曰:"好勇疾贫,乱也①。人而不仁,疾之已甚,乱也②。"

注释

①好勇疾贫,乱也:好勇疾贫之人将会作乱。疾贫,怨贫。②人而不仁,疾之已甚,乱也:疾,憎恶。之,不仁之人。已甚,古注为太甚,即太过分的意思。憎恶不仁之人太甚,亦会乱也。彼既不仁,再被他人所憎恶,那就必然立即作乱了。

译文

孔子说:"人喜好勇敢而抱怨穷困,会作乱。对不仁的人,如果憎恶过甚,也会引起祸乱。"

十一　子曰:"如有周公之才之美①,使②骄且吝,其余不足观也已。"

注释

①如有周公之才之美:周公,孔子所景仰的圣人。才,才艺。才之美,美好的才能。②使:假使。

译文

孔子说:"即使拥有像周公那样美好的才能,假如骄傲而且吝啬,其他方面就不值得一看了。"

十二　子曰:"三年学,不至于谷①,不易得也。"

注释

①三年学，不至于谷："谷"字应当"禄"字解。三年学，不在乎求俸禄。

译文

孔子说："连续三年求学，还没有做官念头的人，是很难得的。"

十三　子曰："笃信好学，守死善道①。危邦不入，乱邦不居②。天下有道则见，无道则隐③。邦有道，贫且贱焉，耻也④；邦无道，富且贵焉，耻也⑤。"

注释

①守死善道：坚守大道，至死不变。②危邦不入，乱邦不居：危邦不入，有动乱危机的国家，不可以入。乱邦不居，已发生弑君弑父之乱的国家，不可以居，要赶快离开。入危邦，居乱邦，不但妨碍好学与善道，且有池鱼之殃。③天下有道则见(xiàn)，无道则隐：天下有道则见，遇有道之邦可以行道传道，则可出现而为仕。无道则隐，假使天下各国皆无道，那就不能出现，只好归隐。④邦有道，贫且贱焉，耻也：国家有道，而我贫贱，可见我无功劳，乃耻。⑤邦无道，富且贵焉，耻也：国家无道，而我富贵，此富贵如何得来？乃耻。

译文

孔子说："信仰坚定而好学不倦，守节至死完善大道。不进入将有危难的国家，不居留在发生动乱的国家。天下清平就出仕做官，世道昏乱就隐居不出。国家政治清明时，自己却贫困卑贱不能有所作为，是耻辱；国家政治混乱时，自己却不肯退隐，仍然富有显贵，是耻辱。"

十四　子曰："不在其位，不谋其政①。"

注释

①不谋其政：不要谋划那个职位的政务，免得侵犯他人的职权。

译文

孔子说："君子不在那个职位上，就不要去谋划计议那个职位的具体政务。"

十五　子曰："师挚之始①，《关雎》之乱②，洋洋乎盈耳哉！"

注释

①师挚之始：鲁国太师挚开始演奏音乐。师挚，鲁国掌管音乐的太师，名挚。周代各种典礼，例如祭祀礼、乡饮酒、大射、燕礼等，都有音乐演奏。②《关雎》之乱：最后所奏《关雎》等六篇诗的合乐。乱，古代指乐曲的最后一章，是"合乐"，犹如今天的合唱。

译文

孔子说："从太师挚演奏的序曲开始，到最后演奏《关雎》的结尾，耳中充满了美妙的乐声！"

十六　子曰："狂而不直①，侗而不愿②，悾悾而不信③，吾不知之矣。"

注释

①狂而不直：狂，狂放。直，正直。狂而不直，其心回邪，则必危害人群。②侗（tóng）而不愿：侗，无知。愿，谨慎。③悾（kōng）悾而不信：悾悾，看起来很老实，很诚恳的样子。

译文

孔子说:"狂妄而不正直,无知而不谨慎,表面诚恳而不守信用,我真不明白这种人。"

十七　子曰:"学如不及①,犹恐失之②。"

注释

①学如不及:开始求学,好像追人,而有追不及的感觉。②犹恐失之:勤学有得以后,必须温习,犹如得了一物恐怕遗失。

译文

孔子说:"学习知识就像追赶什么追不上似的(要努力追求进步),(学而有得之后)又担心会丢掉似的(要时常温习)。"

十八　子曰:"巍巍乎①,舜禹之有天下也而不与焉②!"

注释

①巍巍乎:巍巍,高大。②而不与焉:不与,不与求。舜受尧禅,禹受舜禅,两位圣王受禅而有天下,皆非求而得之。

译文

孔子说:"真是崇高啊,舜和禹拥有的天下都不是自己求而得来的!"

十九　子曰:"大哉①尧之为君也!巍巍乎!唯天为大,唯尧则之②。荡荡乎,民无能名焉③。巍巍乎其有成功也,焕乎其有文章④!"

注释

①大哉：孔子总赞尧帝之辞。②唯天为大，唯尧则之：天之高大，唯尧能则之。则，效法。③荡荡乎，民无能名焉：荡荡，广大的样子。④文章：尧的各种事业典章。

译文

孔子说："尧这样的君主真伟大啊！多么崇高啊！唯有天最高大，唯有尧才能效法天的高大。（他的恩德）多么浩瀚啊，百姓们简直不知道该用什么语言来表达对他的称赞。他的功绩多么崇高啊，他的各种事业典章是多么光辉啊！"

二十　舜有臣五人①而天下治。武王曰："予有乱臣十人②。"孔子曰："才难，不其然乎③？唐虞之际，于斯为盛。有妇人焉，九人而已。三分天下有其二，以服事殷④。周之德，其可谓至德也已矣。"

注释

①舜有臣五人：五人是禹、稷、契、皋陶、伯益。稷就是周家的始祖，教民稼穑，有德于民。②予有乱臣十人：予，周家。乱，治理。十人是周公旦、召公奭、太公望、毕公、荣公、太颠、闳夭、散宜生、南宫适，其余一人是文母。③才难，不其然乎：才难，人才难得。④三分天下有其二，以服事殷：周文王在商朝为诸侯时，已有三分之二的天下，然而仍率各国诸侯臣服于纣王。

译文

舜有五位贤臣，天下便太平。周武王也说过："我有十个帮助我治理国家的臣子。"孔子说："人才难得，难道不是这样吗？唐尧和虞舜之间（及周武王这个时期），人才是最兴盛的。但十个大臣当中有一个是妇女，实际上只有九个人而已。周文王得了天下的三分之二，仍然侍奉商朝。周朝的德行大概可以说是最高的了。"

二十一　子曰："禹，吾无间然①矣。菲饮食而致孝乎鬼神，恶衣服而致美乎黻冕②，卑宫室而尽力乎沟洫③。禹，吾无间然矣。"

注释

①无间然：无可非议。间，当"非议"的"非"字讲。②黻（fú）冕：古时天子临朝或祭祀，所穿的礼服名为黻，所戴的礼帽名为冕。③沟洫：田间的水道，借指农田水利。

译文

孔子说:"对于禹,我实在是无可非议。他的饮食很简单,然而祭祀鬼神的祭品却很丰富;他平时穿的衣服很简朴,然而礼服却尽量穿得华美;他居室简陋,然而致力于修治水利事宜。对于禹,我实在是无可非议。"

子罕篇第九

一　子罕言①利与命与仁②。

注释

①罕言：罕，稀少。言，直言。②利与命与仁：《论语》中记载孔子所说的"利、命、仁"，多数是答问语，虽然也有直言，如《里仁》篇"仁者安仁，知者利仁"，"放于利而行，多怨"，《尧曰》篇"不知命，无以为君子也"，但像这些例子不多，可见孔子轻易不说"利、命、仁"，所以此章说"子罕言"。

译文

孔子平日甚少谈论功利、命运和仁德。

二　达巷党人①曰："大哉孔子！博学而无所成名②。"子闻之，谓门弟子曰："吾何执？执御乎？执射乎？吾执御矣。"

注释

①达巷党人：达巷，难以考定。人，或指为神童项橐，或指为秦国上卿甘罗。②博学而无所成名：孔子志于道，据于德，依于仁，游于艺，的确是博学。无所成名，不能以某一专家名号称孔子。

译文

达巷这个地方有人说："孔子真伟大啊！他学问渊博，因而不能用某方面的专长来赞誉他。"孔子听说后，对他的学生说："我的专长是哪个方面呢？是驾车呢？

还是射箭呢？我还是驾车吧。"

三　子曰："麻冕，礼也①；今也纯，俭，吾从众②。拜下③，礼也；今拜乎上④，泰也。虽违众，吾从下。"

注　释

①麻冕，礼也：麻冕，古时的一种礼帽，用麻制成。②今也纯，俭，吾从众：在孔子时，大多戴麻冕这种礼帽的人已改用纯制。纯是丝织品，用麻做冕，手工必须精细，非常麻烦，用丝来做，手工简易，因此比麻节省。麻冕合礼，改用纯冕，则更节俭，所以孔子从众用纯。③拜下：臣见君主，依礼，在堂下即拜，故云"拜下"。④今拜乎上：在孔子时，臣子都直接上堂才拜，故云"今拜乎上"。王肃注："时臣骄泰，故于上拜"。

译　文

孔子说："用麻布做礼帽，符合礼的规定；现在大家都用丝料制作，这样比过去节省了，我赞成大家的做法。（臣见国君）首先要在堂下跪拜，这也是合于礼的；现在大家都到堂上跪拜，这是骄纵的表现。虽然与大家不一样，我还是主张先在堂下拜。"

四　子绝四：毋意①，毋必②，毋固③，毋我④。

注　释

①毋意：意，心里起的念头。②毋必：必，偏见，不合中庸之道。③毋固：固，顽固地执持一些事理，不能变通。人大都如此，孔子不然。④毋我："我"是对自我的误执。人大都以此"我"为真实，坚持不释。孔子不然。

译文

孔子戒绝四项事情：不臆测，不专断，不固执，不自大。

五　子畏于匡①，曰："文王既没，文不在兹乎②？天之将丧斯文也，后死者不得与于斯文也；天之未丧斯文也，匡人其如予何？"

注释

①子畏于匡：孔子周游列国时，经过匡地，遭匡人围禁五天。原因是在这以前，鲁国的阳虎曾侵入匡城，施以暴虐，匡人深为怨恨。孔子的相貌与阳虎相似，而且当年替阳虎御车的就是孔子弟子颜克，现在颜克又为孔子御车到此，以致匡人把孔子误认为阳虎，故予围禁。②文不在兹乎：在兹，孔子自谓承担传递文化的责任。

译文

孔子被匡地的人们所围困时，说："周文王死了以后，周代的礼乐文化不都在我这里吗？上天如果想要消灭这种文化，那我就不可能掌握这种文化了；上天如果不想要消灭这种文化，那么匡人又能把我怎么样呢？"

六　太宰问于子贡曰："夫子圣者与？何其多能也①？"子贡曰："固天纵之将圣②，又多能也。"子闻之，曰："太宰知我乎！吾少也贱，故多能鄙事③。君子多乎哉？不多也。"

注释

①何其多能也：太宰疑孔子多能于小艺。②固天纵之将圣：将，大。③吾少也贱，故多能鄙事：孔子说由于他少时贫贱，必须谋生，所以"多能鄙事"。鄙事是小事，虽然会的很多，但与修道以及治国平天下没有关系。

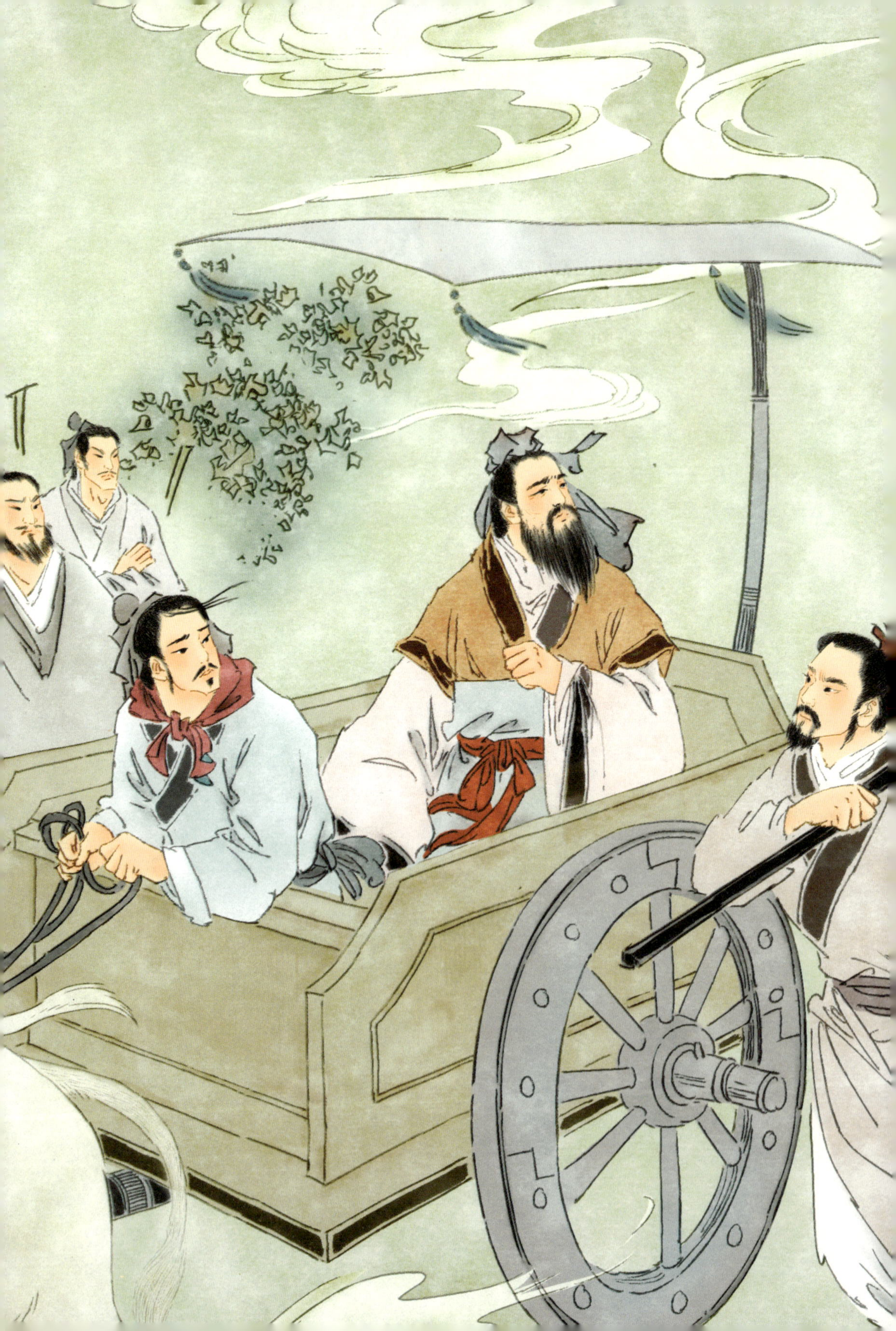

译 文

太宰问子贡说:"孔夫子是位圣人吧?为什么这样多才多艺呢?"子贡说:"这本是上天让他成为圣人,而且使他多才多艺。"孔子听到后,说:"太宰怎么会了解我呢!我小时候贫贱,因此学会了许多平常的技艺。君子需要这么多的技艺吗?不需要这么多啊。"

七 牢①曰:"子云:'吾不试②,故艺'。"

注 释

①牢:疑为孔子弟子,不详。②吾不试:试,任用。

译 文

牢说:"孔子说过:'我(年轻时)没有去做官,所以学会了不少技艺'。"

八 子曰:"吾有知乎哉?无知也。有鄙夫问于我,空空如也①。我叩其两端而竭焉②。"

注 释

①空空如也:什么都没有,形容一无所知。②我叩其两端而竭焉:孔子只推究鄙夫所问之事的利弊两端,然后将两端说清楚。说清楚以后,采用与否,由鄙夫自己决定。竭焉,把要说的话都说尽了。

译 文

孔子说:"我有知识吗?我实在无知啊。如果有一个粗人来问我,我一无所知。我也只是就他所提的问题,从正反两端推究,尽我所能回答。"

九　子曰:"凤鸟不至,河不出图①,吾已矣夫!"

注 释

①凤鸟不至,河不出图:有圣人受命,则凤鸟至,河出图。凤鸟不至,河不出图,看不见祥瑞。孔子借此感叹不逢明君,不能行其大道。

译 文

孔子说:"凤凰不来临,黄河中也不出现八卦图了,我的道也到尽头了吧!"

十　子见齐衰者①、冕衣裳者②与瞽者③,见之,虽少,必作;过之,必趋。

注 释

①齐(zī)衰(cuī)者:穿丧服的人。齐衰,古代五种丧服之一。五种丧服分别为斩衰、齐衰、大功、小功和缌麻。同一宗族中依据服丧者与死者的亲疏关系确定丧服的类型。齐衰是五种丧服中次重的一种。②冕衣裳者:《周礼》大夫以上之服。冕,礼冠。衣裳,礼服的上衣下裳。穿戴冕衣裳者,是指官位至于大夫的人。③瞽者:盲人。

译 文

孔子遇见穿丧服的人、官位至于大夫的人和盲人时,对方虽然年轻,他也一定要站起来;经过他们的时候,一定要快步走过。

十一　颜渊喟然叹曰①:"仰之弥高,钻之弥坚。瞻之在前,忽焉在后②。夫子循循然善诱人③,博我以文,约我以礼,欲罢不能。既竭吾才,如有所立卓尔④。虽欲从之,末由也已。"

注释

①颜渊喟然叹曰：喟，叹息声。叹有二义，一是赞叹孔子，一是感叹自己。②仰之弥高，钻之弥坚。瞻之在前，忽焉在后：仰、钻都是比方之词。譬如仰望高处，越望越觉得高，望不到极处。又如钻凿一物，越钻越坚，此喻往深处说，深不可测。看着它在眼前，忽然又在其后。前后左右，无不是道。颜渊从孔子学道，发现道是如此高深，而又无处不在。③夫子循循然善诱人：道最难学，但孔子教以博文约礼，便是按顺序引导颜渊往前学，所以颜渊赞以"善诱"。④既竭吾才，如有所立卓尔：立，立下根基。这是谦虚话，其实颜渊的道行早已超过这个境界。

译文

颜渊感叹道："（对于老师的道德与学问）我抬头仰望，越望越觉得高；我努力钻研，越钻研越觉得不可穷尽。看着它好像在前面，忽然又像在后面。老师善于一步步引导我，用各种典籍来丰富我的知识，用礼节来约束我的言行，使我想停止学习都不可能。直到我用尽了全力，大道似乎卓然在前。虽然我想要追随上去，却没有前进的路径了。"

十二　子疾病，子路使门人为臣①。病间②，曰："久矣哉，由之行诈也！无臣而为有臣。吾谁欺？欺天乎！且予与其死于臣之手也，无宁死于二三子之手乎！且予纵不得大葬，予死于道路乎？"

注释

①子疾病，子路使门人为臣：孔子病得严重，子路以其在弟子中的年长地位，为孔子预备后事。他因为孔子曾作鲁国的大夫，所以准备以大夫之礼为孔子治丧，大夫有家臣，孔子此时已无家臣，子路便使孔门弟子为臣。②病间：病情减轻或好转。

译文

孔子得了大病,子路让门徒们去担任孔子的家臣(料理后事)。后来,孔子的病有所好转,他说:"仲由很久以来就干这种弄虚作假的事情!我明明没有家臣,却偏偏要装作有家臣。我骗谁呢?我骗上天吧!与其在家臣的侍候下死去,我宁可在你们这些学生的侍候下死去,这样不是更好吗!而且即使我不能以大夫之礼来安葬,难道就会死在路边吗?"

十三　子贡曰:"有美玉于斯,韫椟而藏诸①?求善贾②而沽③诸?"子曰:"沽之哉!沽之哉!我待贾者也。"

注释

①韫椟而藏诸:韫,藏也。椟,匮也,藏诸匮中也。藏诸、沽诸的两个"诸"字,是"之乎"或"之欤"的合音字。②善贾:识货的商人。③沽:卖。

译文

子贡说:"这里有一块美玉,是把它放在柜子里藏起来好呢?还是找一个识货的商人卖掉呢?"孔子说:"卖掉它吧!卖掉它吧!我正在等着识货的商人呢。"

十四　子欲居九夷①。或曰:"陋,如之何②?"子曰:"君子居之,何陋之有?"

注释

①子欲居九夷:孔子志在行道,而道不行,但不怨天尤人,此处不行,可往他处,所以"欲居九夷"。②陋,如之何:有人认为,九夷之地鄙陋,奈何能居。陋,意指此地没有文化,人民不懂礼义。

译文

孔子想要到九夷去居住。有人说:"九夷那么落后、闭塞,怎么能住呢?"孔子说:"君子住在那里,怎么会落后、闭塞呢?"

十五　子曰:"吾自卫反鲁,然后乐正①,《雅》《颂》各得其所②。"

注释

①吾自卫反鲁,然后乐正:在鲁哀公十一年冬天,孔子从卫国回到鲁国,那时鲁国的礼乐已经崩坏,孔子便订正音乐,《雅》《颂》等诗章也归于正了。②《雅》《颂》各得其所:孔子订正乐章,使得《雅》是《雅》,《颂》是《颂》,所以说"各得其所"。

译文

孔子说:"我从卫国返回到鲁国以后,才订正了乐章,使《雅》《颂》各得其所。"

十六　子曰:"出则事公卿①,入则事父兄②,丧事不敢不勉③,不为酒困④,何有于我哉?"

注释

①出则事公卿:出去为官,便按道理侍奉公卿等长官。②入则事父兄:在家里,便按道理侍奉父母兄长。③丧事不敢不勉:办理丧事,不敢不尽力。④不为酒困:不受酒的困扰。

译文

孔子说:"外出做官侍奉公卿,在家生活孝敬父兄,有丧事不敢不尽力,不因为酒而误事，这些事我做到了哪件呢？"

十七　子在川上，曰："逝者如斯夫，不舍昼夜①。"

注　释

①不舍昼夜：舍，当"止"字讲，不舍就是不停止。

译　文

孔子在河边，说："世间一切就像这流水一样，昼夜不停地流，一去不复返。"

十八　子曰："吾未见好德如好色者也①。"

注　释

①吾未见好德如好色者也：孔子在卫国时，卫灵公与夫人南子同乘一辆车子出去游览。他们要求孔子一同去。孔子不便拒绝，就乘另一辆车随同出去。灵公与南子等在大街上招摇而过，孔子对此感到羞耻，国君不办公事，却带夫人在街上招摇，给人看了做何感想。因此，孔子便说："吾未见好德如好色者也。"然后就离开卫国，去了曹国。

译　文

孔子说："我从来没有见过喜好德行如同喜好美色的人。"

十九　子曰："譬如为山，未成一篑①，止，吾止也。譬如平地，虽覆一篑，进，吾往也。"

注 释

①篑：盛土的器具。

译 文

孔子说："譬如堆土山，只差一箩筐土就可以完成，却停止不做了，这是我自己停止不前的啊。又譬如平地，虽然才倾倒一箩筐的土，如果我能持续向前，日积月累，终有成功之日，这样不停地前进，也是我自己决定的啊。"

二十　子曰："语之而不惰者①，其回也与！"

注 释

①语之而不惰者：不惰，不懈怠。

译 文

孔子说："听我说话能始终毫不懈怠的人，只有颜回一个吧！"

二十一　子谓颜渊，曰："惜乎！吾见其进也，未见其止也①。"

注 释

①吾见其进也，未见其止也：我只见他一直往前进，从未见他停止过。

译 文

孔子谈到颜渊，说："可惜呀！我只见他不断进步，从来没有见他停止过。"

二十二　子曰："苗而不秀者①有矣夫！秀而不实者②有矣夫！"

注 释

①苗而不秀者：有的庄稼生了苗却不出穗。②秀而不实者：有的庄稼虽出穗却不结果实。

译 文

孔子说："庄稼出了苗而不能吐穗扬花是有的！吐穗扬花而不结果实也是有的！"

二十三　子曰："后生①可畏②，焉知来者之不如今也？四十、五十而无闻焉，斯亦不足畏也已。"

注 释

①后生：年轻人。②可畏：不可轻视。

译文

孔子说:"年少的人,是值得敬畏的,怎么知道将来的后辈不如现在这些人呢?如果到了四五十岁,还是默默无闻,没有作为,那就不值得敬畏了。"

二十四　子曰:"法语之言①,能无从乎②?改之为贵。巽与之言,能无说乎③?绎之为贵。说而不绎,从而不改,吾末如之何也已矣。"

注释

①法语之言:法语,古圣人所说的话,符合礼法规范的话。②能无从乎:这些言辞都合正道,不能不听从。③巽与之言,能无说乎:恭逊称许的话,谁听了都会喜悦。

译文

孔子说:"符合礼法的规劝,谁会不接受呢?但(只有按它来)改正自己的错误才是可贵的。恭顺赞许的话,谁听了不高兴呢?但只有认真推究它(的真伪是非)才是可贵的。只是高兴而不去分析,只是听从而不去改正错误,对这样的人我也没有办法了。"

二十五　子曰:主忠信①,毋友不如己者,过则勿惮改。

注释

①主忠信:亲近忠信的人,拜其为老师。

译文

孔子说:"君子应当亲近忠信的人,不要和不如自己的人为友,如果发现自己有了过失,不要害怕去改正。"

二十六　子曰："三军可夺帅也①，匹夫不可夺志也。"

注释

①三军可夺帅也：三军，周朝军队的制度，天子六军，诸侯大国三军。后来三军变为军队的通称。三军人数虽多，但人心不一，所以可夺取其将帅。

译文

孔子说："三军虽众，其统帅仍有被劫夺的可能；一个普通百姓，却不能被迫改变志向。"

二十七　子曰："衣敝缊袍①，与衣狐貉②者立，而不耻者，其由也与？'不忮不求，何用不臧？'③"子路终身诵之。子曰："是道也，何足以臧④？"

注释

①衣敝缊（yùn）袍：古代普通人穿缊袍御寒，富贵人家则穿皮衣。缊袍，古注有说是乱丝做的，有说是乱麻做的。②狐貉（hé）：狐、貉是两种野兽，貉与狐相似，毛有花纹。用狐皮作的皮衣，又暖又轻，非常名贵，貉皮更贵。③不忮不求，何用不臧：这是《诗经·卫风·雄雉》篇里的两句诗。忮，嫉妒。求，贪求。臧，善。④何足以臧：何足以为善。

译文

孔子说："穿着破旧的丝棉袍子，与穿着狐貉皮袍的人站在一起，而不认为是可耻的，这样的人恐怕只有仲由吧？《诗经》上说：'不嫉妒，不贪求，这样的人怎么会不善呢？'"子路听后经常念诵这两句诗。孔子又说："只做到这样，怎么能说够好了呢？"

二十八　子曰："岁寒①，然后知松柏之后凋也。"

注释

①岁寒：到了冷的时候。

译文

孔子说："只有到天气寒冷的时候，才知道松树与柏树是最后凋零的。"

二十九　子曰："知者不惑①，仁者不忧②，勇者不惧③。"

注释

①知者不惑：有智慧的人能把事理看得明白，所以不惑。知，同"智"。②仁者不忧：普通人常为患得患失而忧，有仁德的人不患得失，所以不忧。③勇者不惧：有勇气的人不畏困难，见义勇为，所以不惧。

译文

孔子说："有智慧的人，心无疑惑；有仁德的人，心无忧愁；有勇气的人，心无恐惧。"

三十　子曰："可与共学①，未可与适道②；可与适道，未可与立③；可与立，未可与权④。"

注释

①学：各种学问。②道：修行圣人之道。③立：修道而能立定根基。④权：推行大道而能通权达变。

译文

孔子说:"可以一起学习的人,未必都能一起修道;能够一起修道的人,未必能够一起坚守道;能够一起坚守道的人,未必能够一起通权达变。"

三十一 "唐棣之华,偏其反而。岂不尔思?室是远而。"①子曰:"未之思也,夫何远之有?"

注释

①"唐棣之华"句:是远而:何晏《论语集解》以此解释前面"未可与权"的道理,因此与前合为一章。宋朝苏东坡以及朱熹都不以为然,而另分一章。苏东坡以为,诗的意思是思得贤人而不能得,孔子论其未思之故,能思,则贤人何尝在远。朱熹以为,孔子借这四句诗表示"仁远乎哉"之意。

译文

古代有一首诗这样写道:"唐棣的花朵啊,翩翩地摇摆。我岂能不想念你呢?只是由于家住的地方太远了。"孔子说:"他还是没有真的想念,如果真的想念,还有什么遥远不遥远的呢?"

乡党篇第十

一 孔子于乡党①，恂恂如也②，似不能言者。其在宗庙朝廷，便便言，唯谨尔③。

注释

①乡党：即《雍也》篇所说的邻里乡党，代指家乡。②恂(xún)恂如也：恂恂如，温恭。"如"字是语助词。③其在宗庙朝廷，便(pián)便言，唯谨尔：宗庙是祭祖行礼的地方，朝廷是政府议事的地方，要善于言辞而谨慎。

译文

孔子在家乡时显得很温和恭敬，好像不会说话的样子。但他在宗庙里、朝廷上，却很善于言辞，只是出言比较谨慎而已。

二 朝，与下大夫言，侃侃①如也；与上大夫言，訚訚②如也。君在，踧踖③如也，与与④如也。

注释

①侃侃：和乐。②訚(yín)訚：中正。③踧踖：恭敬而不安。④与与：容貌举止适中有度。

译文

孔子在上朝的时候，与下大夫交谈，温和而快乐；与上大夫交谈，正直而公正。国君临朝，孔子则恭敬小心，仪态得体。

三　君召使摈①，色勃如也，足躩如也②。揖所与立，左右手，衣前后，襜如也③。趋进，翼如也④。宾退，必复命曰："宾不顾矣。"

注释

①君召使摈(bìn)：鲁君召孔子，使他陪接外国贵宾。摈，通"傧"。②色勃如也，足躩(jué)如也：孔子奉召时，脸色勃然肃敬，脚步迅速，不敢懈慢。③揖所与立，左右手，衣前后，襜如也：孔子向跟他站在一起的人拱手作礼，或向左或向右。拱手时，前俯后仰，衣服随之飘动而不乱。④趋进，翼如也：虽然趋走疾速，但身体端直恭敬，如同鸟儿展翅。

译文

国君召孔子去接待宾客，孔子脸色立即庄重起来，脚步也快起来。孔子向和他站在一起的人作揖时，分别向左右拱手，衣服前后摆动，却整齐不乱。快步走的时候，如同鸟儿展开双翅。宾客走后，必定向君主回报说："客人已经不再回头看了。"

四　入公门①，鞠躬如也，如不容。立不中门②，行不履阈③。过位，色勃如也，足躩如也④，其言似不足者⑤。摄齐升堂⑥，鞠躬如也，屏气似不息者⑦。出，降一等，逞颜色，怡怡如也⑧。没阶，趋进，翼如也⑨。复其位，踧踖如也⑩。

注释

①公门：君主之门。②中门：门的中间，乃尊者所通行，为臣、为子者，皆当避之，所以不立于中门，乃为恭敬尊者。③阈：门槛。入门时，不踩踏门槛，只能跨过。这有两个意思，一是避免将门槛踩脏，一是避免自高之嫌。④过位，色勃如也，足躩如也：经过君主的座位时，虽然君主不在，孔子还是脸色肃敬，脚步迅速，不敢懈慢。过位，经过君主的座位。⑤其言似不足者：此处非说话场所，如有必

要，则说得非常简单，似有不足之状。⑥摄齐(zī)升堂：齐，衣裳缝了边的下摆。摄齐，在升堂时，以手提起长袍的下端，拾级而上，以免长袍绊足跌倒。⑦鞠躬如也，屏气似不息者：鞠躬如也，形容恭敬谨慎的样子。屏气似不息者，屏收其气息，似不呼吸。⑧出，降一等，逞颜色，怡怡如也：见君毕，出来，走下第一阶，面色舒展，怡然自得。⑨没阶，趋进，翼如也：走完台阶，走到平地，距君已远，步履较快，像鸟儿展翅一样。⑩复其位，踧踖(cù jí)如也：回到座位时，又是恭敬不安的样子。

译文

孔子走进朝廷的大门，像鞠躬似的弯下身，如同不能容身一样。站立而不挡在门的中间，行走也不踩门槛。经过国君的座位时，脸色立刻庄重起来，脚步也加快起来，说话也好像力气不足一样。提起衣服下摆向堂上走的时候，恭敬谨慎，憋住气好像停止呼吸一样。退出来，走下台阶，脸色便舒展开了，显出怡然自得的样子。走完了台阶，快步前行，姿态像鸟儿展翅一样。回到自己的位置，依然恭敬而不安的样子。

五　执圭①，鞠躬如也，如不胜②。上如揖③，下如授④。勃如战色⑤，足蹜蹜，如有循⑥。享礼⑦，有容色⑧。私觌，愉愉如也⑨。

注释

①执圭：圭，一种玉器，古代举行典礼时，君臣手里都拿着圭。②鞠躬如也，如不胜：孔子出使外国，在行聘问礼时，持圭至为谨慎，所以"鞠躬如也"。圭虽不重，但执在手里，像是举不起的样子，故说"如不胜"。③上如揖：孔子在升堂授玉时，好像在作揖。④下如授：向下拿时像是在给人递东西。⑤勃如战色：战阵之色，表示敬慎。⑥足蹜蹜，如有循：缩小脚步，两脚前后相接，不提起脚踵，顺递而行，如循一条路线，徐缓前进。⑦享礼：献礼。朝聘之后，行享礼，即献礼物。⑧有容色：和颜悦色。⑨私觌，愉愉如也：私觌，享礼后以私礼相见。愉愉如也，轻松愉快。

译 文

（孔子出使到别的诸侯国，）拿着圭，像鞠躬似地弯下身来，如同拿不动一样。向上举时好像在作揖，向下放时好像是给人递东西。面色庄重，战战兢兢，步子很小，好像沿着一条直线往前走。在举行赠送礼物的仪式时，显得和颜悦色。以私人身份拜见他国君臣时，就显得轻松愉快。

六　君子不以绀緅饰①，红紫不以为亵服②。当暑③，袗絺绤④，必表而出之⑤。缁衣，羔裘；素衣，麑裘；黄衣，狐裘⑥。亵裘长，短右袂⑦。必有寝衣⑧，长一身有半。狐貉之厚以居⑨。去丧，无所不佩⑩。非帷裳⑪，必杀之。羔裘玄冠不以吊⑫。吉月，必朝服而朝⑬。

注 释

①君子不以绀（gàn）緅（zōu）饰：君子，这里指孔子。绀，深青而含赤色；緅，黑色而带赤色，两者都与黑色相近。饰，滚边，镶边。孔子穿的衣服，不用绀、緅二色饰边，因为绀饰是齐祭之服，緅饰是丧祭之服。②红紫不以为亵（xiè）服：亵服，本指内衣，古注引申为家居便服。孔子曾说："恶紫之夺朱也"，所以不用。

③当暑：即当暑热时。④袗（zhěn）絺（chī）绤（xì）：袗作"单"字讲。絺和绤都是葛，细的是絺，粗的是绤，袗絺是细葛布制的单衣，袗绤是粗葛布制的单衣。⑤必表而出之：表，表衣。出，出门。表衣即指褐衣，褐衣穿在絺绤之外，故称表。古人穿衣，先穿亲身的内衣，次加外衣，这层外衣，春秋是夹裼，也就是双层的夹衣，夏天是絺绤，冬天是裘，又次加褐衣，再加礼服。⑥缁（zī）衣，羔裘；素衣，麑（ní）裘；黄衣，狐裘：裘，皮衣。羔裘是黑毛羊皮，与黑色的缁衣相称。麑裘是小鹿皮，毛色近白，与素衣相称。狐裘是指黄毛狐皮，与黄衣相称。缁衣、羔裘是诸侯视朝的衣服，诸侯视朝与群臣同服，孔子是鲁臣，所以也穿此服朝君。国家如有凶荒，国君穿素服，群臣随之穿素服。在年终时，举行蜡祭报功，鲁君穿黄衣狐裘。⑦亵裘长，短右袂（mèi）：亵裘是家常便服，做得较长，可以保暖，右手的袖子较短，便于做事。⑧寝衣：即小卧被，其长度一身有半，寝时，脚端可折，不会透风。⑨狐貉之厚以居：狐皮与貉皮，用为坐褥，接待宾客。居，坐。⑩去丧，无所不佩：在服丧期间，不能佩带玉等饰物。服丧期满，除去丧服，则无所不佩。去，除。⑪非帷裳：帷裳，上朝与祭祀时所穿的礼服。非帷裳，指其余的衣服，如《礼记·深衣》篇所说的深衣。当时深衣裁制不合制度，故特记此一条，以明夫子深衣必用古制。⑫羔裘玄冠不以吊：不用羔裘玄冠吊丧。依旧礼，始死，吊者可用羔裘玄冠，然夫子于心未安，所以不用。⑬吉月，必朝服而朝：吉月，每月初一。

译文

君子不用深青透红或黑中透红的布镶边，不用红色或紫色的布做便服。夏天可以穿粗的或细的葛布单衣，但一定要套在内衣外面。黑色的羔羊皮袍，配黑色的罩衣；白色的鹿皮袍，配白色的罩衣；黄色的狐皮袍，配黄色的罩衣。平常在家穿的皮袍做得长一些，右边的袖子短一些。睡觉一定要有小被子，要有一身半长。用狐貉的厚毛皮做坐垫。服丧期满，脱下丧服后，便可佩带各种各样的装饰品。如果不是礼服，一定要加以剪裁。不穿着黑色的羔羊皮袍和戴着黑色的帽子去吊丧。每月的初一，一定要穿着上朝的礼服去朝拜君主。

七　齐，必有明衣，布①。齐必变食，居必迁坐②。

注释

①齐，必有明衣，布：齐，斋。"明衣，布"，用布做的亲身衣，即浴后所穿的明洁之衣。②齐必变食，居必迁坐：变食，改变平常的饮食。迁坐，改换寝室。

译文

斋戒沐浴时，一定要有浴衣，是用布做的。斋戒时，一定要改变平常的饮食，居处必须改换往常的寝室。

八　食不厌精，脍不厌细①。食饐而餲，鱼馁而肉败②，不食。色恶③，不食。臭恶④，不食。失饪⑤，不食。不时⑥，不食。割不正⑦，不食。不得其酱⑧，不食。肉虽多，不使胜食气⑨。惟酒无量，不及乱⑩。沽酒市脯，不食⑪。不撤姜食，不多食⑫。

注释

①食不厌精，脍不厌细：两"厌"字，此处是饱的意思。不厌，不求其精细而饱，意为圣人食无精粗皆可以饱。②食饐(yì)而餲(ài)，鱼馁而肉败：食，谷类的食物。饐是气变，餲是味变，馁是腐烂，皆不新鲜。③色恶：食物的颜色变了。④臭恶：臭恶不是腐臭，而是烹调的气味难闻。⑤失饪：食物未熟，或过熟，皆是失饪。⑥不时：不时，有不同的讲法，一是烹饪不到火候的食物，一是不合春夏秋冬四时所宜的食物，一是一日三餐不在朝夕日中的时候。这都有害于健康，所以不食。⑦割不正：肉切得不方正。割，宰割。⑧不得其酱：酱有多种，且各有宜，得其酱，则增其美，而去其害，故君子重之。⑨肉虽多，不使胜食气(xì)：肉虽多，不能多吃，必须以饭为主。不使肉气胜过饭气，以免伤胃。气，泛指粮食。食气，吃饭。⑩惟酒无量，不及乱：酒饮多饮少，没有定量，但以不醉为度，不醉则不乱。⑪沽酒市脯，不食：酒从外面买来，未必干净，脯自外面买来，不知是何物之肉，所

以不食。"沽""市"二字都是买的意思。脯，干肉。⑫不撤姜食，不多食：姜能去邪味，发正气，所以不撤去，但不可多食。

译文

食物不嫌做得精，鱼和肉不嫌切得细。食物放久变味了，鱼和肉腐烂了，都不吃。食物的颜色变了，不吃。烹调的食物气味难闻，不吃。烹调不当，不吃。不合时令的东西，不吃。肉切得不方正，不吃。佐料放得不适当，不吃。席上的肉虽多，但吃的量不可超过米面的量。只有酒没有限制，但不可喝醉。从市上买来的酒和肉干，不吃。进食时不去除姜，但不可吃得太多。

九　祭于公，不宿肉①。祭肉不出三日②。出三日，不食之矣。

注释

①祭于公，不宿肉：陪君祭祀，祭毕，君赐祭肉，不待一宿，即须分享，表示不留神惠。②祭肉不出三日：自家祭祀，其祭肉留存不能超过三天。

译文

陪国君参加祭祀典礼时，不把分得的祭肉留到第二天。家祭用过的肉留存不超过三天。若是超过三天，就不吃了。

十　食不语，寝不言①。

注释

①食不语，寝不言：吃饭、睡眠皆不是说话的时候。吃饭时，口中嚼物；睡眠时，安静休息，都不宜言语。

译文

吃饭的时候不讲话,睡觉的时候不聊天。

十一 虽疏食菜羹,瓜祭,必齐如也①。

注释

①虽疏食菜羹,瓜祭,必齐如也:瓜祭,也作"必祭"。古有祭食之礼,即在饮食之前,将每种食物取出少许,放在食器之间,以祭祀古时发明以火作熟食之人,表示不忘本。但非美食可以不祭。而孔子日常所食的,虽是粗疏之食,以及菜羹之类,也要祭祀一番,不敢以菲薄废礼。祭时必然肃敬。

译文

即使是粗米饭、蔬菜汤,吃饭前也要把它们取出一些来祭祖,而且一定要像斋戒那样虔诚。

十二 席不正,不坐①。

注释

①席不正,不坐:《史记·孔子世家》将此句记在"割不正,不食"下。古时未用桌椅,以席铺地而坐。铺席必须端正,不正则不坐。

译文

坐席放得不端正,不坐。

十三 乡人饮酒①,杖者②出,斯出矣。

注　释

①乡人饮酒：同乡之人会聚饮酒。②杖者：拄杖而行的老年人。

译　文

行乡饮酒的礼仪结束后，(孔子)一定要等老年人都出去了，自己才出去。

十四　乡人傩①，朝服而立于阼阶②。

注　释

①乡人傩(nuó)：乡人驱逐疫鬼的风俗。②朝服而立于阼(zuò)阶：孔子遇见乡人傩，恐惊先祖，所以穿着朝服，立于祖庙的东阶，欲使先祖、五祀之神依之而安。

译　文

乡里人举行迎神驱鬼的宗教仪式时，孔子总是穿着朝服站立在东边的台阶上。

十五　问人于他邦①，再拜而送之②。

注　释

①问人于他邦：即问候在他国的友人。问，聘问，或是问候。②再拜而送之：古时士人相见，礼当再拜，即拜两次。

译　文

(孔子)托人给其他诸侯国的朋友问候送礼，对此人再次拜谢后送别。

十六　康子馈药，拜而受之①。曰："丘未达，不敢尝。"

注释

①康子馈药，拜而受之：古人接受馈赠的食物，当赠者面，或当使者面，一尝其味，表示不虚所馈。但药物不是普通食物，是否也要尝，礼无明文。

译文

季康子给孔子赠送药品，孔子拜谢之后接受了。说："我对药性不了解，不敢尝。"

十七　厩焚①。子退朝，曰："伤人乎？"不问马。

注释

①厩（jiù）焚：厩，马舍，俗称马房。焚，失火焚烧。

译文

孔子家的马房遭遇火灾。孔子退朝回来知道后，问："有没有人受伤？"没有询问马的情况。

十八　君赐食，必正席先尝之。君赐腥，必熟而荐之①。君赐生，必畜之②。侍食于君③，君祭，先饭④。

注释

①君赐腥，必熟而荐之：君赐腥，即国君赐予生的肉类。获君赏赐，先供奉祖先，表示不忘本。②君赐生，必畜之：君赐生，即国君赐予活的动物。畜到祭祀时，才杀作祭品，不能非时宰杀。③侍食于君：陪国君吃饭。④君祭，先饭：当鲁君祭食时，孔子先为君主尝食，试其烹调可否。这是侍食于君的礼节。

译文

国君赐以熟食,孔子一定摆正座席先尝一尝。国君赐以生肉,一定煮熟了,先给祖宗上供。国君赐以活物,一定要饲养起来。同国君一道吃饭,在国君举行饭前祭礼的时候,一定要先尝一尝。

十九　疾,君视之,东首①,加朝服,拖绅。

注释

①东首:古人卧榻一般设在南窗的西面,国君来,从东边台阶走上来,所以孔子面朝东来迎接他。此记孔子虽在病中,尊君之礼仍不疏忽。

译文

孔子病了,国君前来探视,他便头朝东躺着,把朝服盖在身上,并放上绅带。

二十　君命召,不俟驾行矣①。

注释

①君命召,不俟驾行矣:俟,等待。

译文

国君召见(孔子),他不等车马驾好就动身。

二十一　入太庙,每事问①。

注释

①见《八佾篇》。

二十二　朋友死，无所归①，曰："于我殡②。"

注释

①无所归：没有亲人办丧事。②殡：停柩待葬。此处指殡葬等全部丧事。

译文

（孔子的）朋友去世了，没有亲属负责办理丧事，孔子说："丧事由我来办吧。"

二十三　朋友之馈，虽车马，非祭肉①，不拜。

注释

①祭肉：祭祀时供神、供祖之肉，祭毕分赠朋友。祭肉价钱虽比不上车马，但因礼重，所以孔子受赠必拜。

译文

朋友馈赠物品，即使是车马，只要不是祭肉就不拜谢。

二十四　寝不尸①，居不客②。

注释

①寝不尸：睡觉时不像僵尸那样仰躺。②居不客：一说为"居不容"，但经考证，应从《经典释文》以及《唐石经》作"客"字。

译文

（孔子）睡觉时不仰卧平躺如僵尸，平日居家也不像做客或接待客人时那样讲究姿势、礼仪。

二十五　见齐衰者①，虽狎，必变。见冕者与瞽者②，虽亵，必以貌③。凶服④者式之。式负版者⑤。有盛馔，必变色而作⑥。迅雷风烈必变。

> **注 释**
>
> ①齐衰者：穿丧服的人。②瞽（gǔ）者：盲人。③必以貌：貌，礼貌。④凶服：丧服。⑤式负版者：版，国家公文图籍。式，同"轼"。古时车辆，其车身前有一活动的横木，名为轼，便于乘车人手扶行鞠躬礼。⑥作：起。

> **译 文**
>
> （孔子）看见穿丧服的人，哪怕关系再亲密，也一定严肃起来。看见戴礼帽的人和盲人，哪怕是常在一起的，也一定要有礼貌。在乘车时遇见穿丧服的人，便俯伏在车前横木上致礼（以示同情）。遇见背负国家图籍的人，也这样致礼（以示敬意）。如果有丰盛的筵席，必定改变神色并站起来致谢。遇见迅雷与大风，一定会改变神色（以示对上天的敬畏）。

二十六　升车，必正立，执绥①。车中，不内顾②，不疾言③，不亲指④。

> **注 释**
>
> ①升车，必正立，执绥（suí）：绥，设在车上的绳子，供人拉着上下车。②车中，不内顾：即在车里不往后看，免致后面的人有所不安。③不疾言：不高声说话，免得惊扰他人。④不亲指：不指指点点。

> **译 文**
>
> （孔子）上车时，一定先直立站好，然后拉着供人上下车的绳子上车。在车上，不回头看，不高声说话，不指指点点。

二十七　色斯举矣，翔而后集①。曰："山梁雌雉，时哉时哉②！"子路共之,三嗅而作③。

注释

①色斯举矣,翔而后集:色,人的神色。举,起飞。鸟见人的态度不善,立即飞去。翔,回旋飞翔。集,鸟栖止在树上。鸟在盘旋观察以后,才肯下来栖息。这两句是比喻人事上的出处进退应合时宜。②山梁雌雉,时哉时哉:孔子经过山梁,看见雌雉悠然自得,便叹这雌雉能得其时。③子路共(gǒng)之,三嗅而作:共,拱手。"嗅"字当作"狊"(jù)字,其义为鸟张两翅。这两句意思是子路向雉拱手,雉却张翅起飞而去。

译文

鸟见到人神色不善就飞了起来,盘旋飞翔后才落下来。孔子说:"这山岗上的鸟儿,真是动静得时啊!"子路向它们拱拱手,它们鸣叫着向远方飞去。

先进篇第十一

一　子曰:"先进于礼乐,野人也①;后进于礼乐,君子也②。如用之,则吾从先进。"

注释

①先进于礼乐,野人也:在孔子以前的时代,学礼乐者都很朴素,看起来像乡野之人。②后进于礼乐,君子也:在孔子时,学礼乐者不像乡下人那样朴素,其人言行注重文饰,看起来像君子。

译文

孔子说:"前辈对于礼乐典制,崇尚质朴,好像乡下人一样;后辈对于礼乐典制,文过其质,好像君子一样。如果使用礼乐,我愿意依从前辈。"

二　子曰:"从我于陈、蔡者①,皆不及门也。"

注释

①从我于陈、蔡者:陈蔡之厄,是孔子周游列国时一次困苦的遭遇。孔子前往楚国时,陈、蔡二国大夫恐楚国重用孔子后,会对他们不利,因此共同派人围困孔子,以致断绝粮食。

译文

孔子说:"曾跟随我到陈国、蔡国去的那些弟子,现在都不在我跟前了。"

三　德行：颜渊，闵子骞，冉伯牛，仲弓①。言语：宰我，子贡。政事：冉有，季路。文学：子游，子夏。

注释

①德行：颜渊，闵子骞，冉伯牛，仲弓：德行、言语、政事、文学，是孔门四科教育，颜渊等十位大弟子各以特长分属四科。德行列为第一，足见道德教育最为重要。

译文

德行见长的有颜渊、闵子骞、冉伯牛、仲弓；善于辞令的有宰我、子贡；擅长政事的有冉有、季路；擅长文学的有子游、子夏。

四　子曰："回也非助我者也，于吾言无所不说①。"

注释

①于吾言无所不说：孔子之言，颜回一听就能完全领会，便只喜悦于心，不再发问。

译文

孔子说："颜回不是一个有助于我答问的人，他对我说的话没有不心悦诚服的。"

五　子曰："孝哉闵子骞！人不间①于其父母昆弟之言。"

注释

①不间：没有异议。这是由于闵子骞以孝行感动父母，能齐家，使外人对他的

父母兄弟称赞他的话信之不疑。

译文

孔子说:"闵子骞真孝顺呀!人们对于他的父母兄弟称赞他的话,没有任何异议。"

六　南容三复白圭①,孔子以其兄之子妻之。

注释

①南容三复白圭:白圭,白色的瑞玉,《诗经·大雅·抑》篇:"白圭之玷,尚可磨也。斯言之玷,不可为也。"玷是玉上的缺点,尚可磨灭,若言语有缺失,则不可磨灭。"三复"的"三"字,代表多次。南容读诗,读到这四句,多次复诵思量,可见他慎于言语,求其无玷。

译文

南容反复吟诵《诗经》中关于白圭的诗句,孔子就将自己的侄女嫁给了他。

七　季康子问:"弟子孰为好学①?"孔子对曰:"有颜回者好学,不幸短命死矣,今也则亡。"

注释

①弟子孰为好学:季康子想选用人才,所以问孔子哪一位弟子好学。

译文

季康子问孔子:"您的学生中谁最为好学?"孔子回答:"有个叫颜回的最好学,但不幸短命死了,现在没有了。"

八　颜渊死，颜路请子之车以为之椁①。子曰："才不才，亦各言其子也。鲤也死，有棺而无椁。吾不徒行以为之椁。以吾从大夫之后，不可徒行也。"

注释

①颜渊死，颜路请子之车以为之椁（guǒ）：椁，棺外的套棺。颜路之请，或因礼制不合，所以孔子不许。

译文

颜渊死了，（他的父亲）颜路请求孔子卖掉车子，给颜渊买个外椁。孔子说："无论有无才能，就说各人自己的儿子吧。孔鲤死的时候，也是有棺无椁。我没有卖掉自己的车子给他买椁。因为我曾经当过大夫，是不可以步行的。"

九　颜渊死，子曰："噫①！天丧予②！天丧予！"

注释

①噫：伤痛之声。②天丧予：即天亡我。因极其悲痛，所以连说两句。

译文

颜渊死了，孔子说："唉！是老天要我的命呀！是老天要我的命呀！"

十　颜渊死，子哭之恸①。从者曰："子恸矣。"曰："有恸乎？非夫人之为恸而谁为？"

注释

①颜渊死，子哭之恸：颜渊死，孔子到颜家吊哭，哀伤过度。由前章"天丧予"，可以了解此章"哭之恸"的悲心。

译文

颜渊死了,孔子哭得极其悲痛。跟随孔子的人说:"您悲痛过度了。"孔子说:"悲伤过度了吗?我不为这样的人悲伤过度,还能为谁呢?"

十一　颜渊死,门人欲厚葬之。子曰:"不可。"①门人厚葬之。子曰:"回也视予犹父也,予不得视犹子也。非我也,夫二三子也。"

注释

①"子曰"句:颜渊家贫,又未出仕,厚葬并不合礼。

译文

颜渊死了,孔子的学生们想厚葬他。孔子说:"不能这样做。"学生们仍然隆重地安葬了他。孔子说:"颜回把我当父亲一样看待,我却不能把他当亲生儿子一样看待。这不是我的意思,是那些学生们干的呀。"

十二　季路问事鬼神①。子曰:"未能事人,焉能事鬼②?"曰:"敢问死③。"曰:"未知生,焉知死?"

注释

①季路问事鬼神:季路,子路。事,侍奉。事鬼神,祭祀鬼神。②未能事人,焉能事鬼:孔子意思是说,能侍奉人,方能侍奉鬼神。欲知如何事鬼,须先知道如何事人。③敢问死:子路询问死后的状况。

译文

子路问孔子如何去侍奉鬼神。孔子说:"不能侍奉人,怎么能侍奉鬼呢?"子路说:"请问死是怎么回事。"孔子回答:"还不知道生的道理,怎么能知道死呢?"

十三　闵子侍侧①，訚訚如也；子路，行行如也；冉有、子贡，侃侃如也。子乐②。"若由也，不得其死然。"

注释

①闵子侍侧：闵子骞等四人侍于孔子之侧。闵子恭敬，子路刚强，冉有、子贡和乐。②子乐：孔子见四位弟子各自显露其性情，不禁欢乐。

译文

闵子骞侍立在孔子身旁，是和悦而温顺的样子；子路是一副刚强的样子；冉有、子贡是温和快乐的样子。孔子很高兴。(但又说道：)"像仲由那样，只怕不能善终吧。"

十四　鲁人为长府①。闵子骞曰："仍旧贯，如之何？何必改作？"子曰："夫人不言，言必有中。"

注释

①鲁人为长府：鲁人要改建长府，但并非单纯地改建房屋，而是别有企图。长府，鲁国财货武器聚藏之所，在鲁君宫内。鲁人，古注不一，应指鲁君。

译文

鲁国改造聚藏财货武器的长府。闵子骞说："保持原样，怎么样？何必改建呢？"孔子说："这个人平日很少说话，一说就击中要害。"

十五　子曰："由之瑟奚为于丘之门①？"门人不敬子路②。子曰："由也升堂矣，未入于室也③。"

注释

①由之瑟奚为于丘之门：瑟，一种乐器。瑟有易止而难进的意义，因此弹瑟时要心平气和，子路性情刚勇，弹瑟或许欠缺平和的意味。②门人不敬子路：门人不解孔子的语意，因此不敬子路。③由也升堂矣，未入于室也：孔子再用比喻解释，仲由的造诣犹如已经升堂，尚未入室而已。

译文

孔子说："仲由这样鼓瑟，为何要到我门下来呢？"孔子的学生们因此都不尊敬子路。孔子便说："仲由已经登上了殿堂，只是还没有进入内室罢了。"

十六　子贡问："师与商也孰贤①？"子曰："师也过，商也不及。"曰："然则师愈与？"子曰："过犹不及②。"

注释

①师与商也孰贤：师，子张。商，子夏。孰贤，谁比较高明。②过犹不及：事情做得过头就跟做得不够一样。譬如行路，以达目的地为恰到好处，不及或者超过，都是未达目的地。孔子讲中道，要在无过无不及。

译文

子贡问孔子："子张和子夏哪个贤能？"孔子回答："子张过头了些，子夏不够了些。"子贡说："那么是子张强一些吗？"孔子说："过头和不够是一样的。"

十七　季氏①富于周公，而求也为之聚敛而附益之②。子曰："非吾徒也。小子鸣鼓而攻之，可也。"

注释

①季氏：鲁国大夫季孙氏，即季康子。鲁国三家权臣中，季氏的权力最大。②而求也为之聚敛而附益之：孔子的弟子冉求作季氏家宰，替季氏搜刮钱财，以增加其财富。

译文

季氏的富有超过了周公，而冉求还帮他搜刮民财来增加他的财富。孔子说："他不是我的学生了。你们大张旗鼓地去攻击他都没有关系。"

十八　柴也愚①，参也鲁②，师也辟③，由也喭④。

注释

①柴也愚：柴，孔子的弟子高柴，字子羔。愚，愚直，呆板而已，人品却很好。②参也鲁：鲁，迟钝，不够敏捷。③辟：偏颇。④由也喭：由，仲由。喭，鲁莽。

译文

高柴愚直，曾参迟钝，颛孙师偏激，仲由鲁莽。

十九　子曰："回也其庶乎，屡空①。赐不受命，而货殖焉，亿则屡中②。"

注释

①回也其庶乎，屡空：庶乎，差不多。屡空，一说颜回近乎圣道，虽贫困，而乐在其中；一说指心中空虚。因为心中空虚，才能接近于道。②赐不受命，而货殖焉，亿则屡中：子贡不接受天命，即不顺乎自然，而经商营利，把心放在财富上，以致不能空其心，但不为财富所迷，所以常常得手。

译文

孔子说："颜回的学问道德差不多了吧，可是很贫穷。端木赐不听天命的安排，去做买卖，推测行情，却常常得手。"

二十　子张问善人①之道。子曰："不践迹②，亦不入于室。"

注释

①善人：乐于做善事的人。善人尚非圣贤，但学圣贤，须先学善。②践迹：学习贤人与圣人的行为。

译文

子张问怎样做善人。孔子说："不学习圣贤的行为，则其学问和修养达不到精妙完善之境地。"

二十一　子曰："论笃①是与②，君子者乎？色庄者乎？"

注　释

①论笃：言论笃实。②与：赞许。

译　文

孔子说："言论笃实诚恳就表示赞许，不过还要区分他是真君子呢？还是装模作样的伪君子呢？"

二十二　子路问："闻斯行诸①？"子曰："有父兄在，如之何其闻斯行之？"冉有问："闻斯行诸？"子曰："闻斯行之。"公西华曰："由也问闻斯行诸，子曰'有父兄在'；求也问闻斯行诸，子曰'闻斯行之'。赤也惑，敢问。"子曰："求也退，故进之；由也兼人，故退之。"

注　释

①闻斯行诸：即"闻斯行之乎"。"诸"是"之乎"的合音字。之，所听到的那件事情。

译　文

子路问："听到了就行动吗？"孔子说："有父兄在，怎么能听到就行动呢？"冉有问："听到了就行动吗？"孔子说："听到了就行动。"公西华说："仲由问听到后是否就去实行，您回答'有父兄健在'；冉求问听到后是否就去实行，您回答'听到了就行动'。我被弄糊涂了，冒昧地向老师请教。"孔子说："冉求总是退缩，所以我鼓励他；仲由好胜，所以我抑制他。"

二十三　子畏于匡①，颜渊后。子曰："吾以女为死矣。"曰："子在，回何敢死？"

注释

①子畏于匡：畏，不作"畏惧"解，可作"被围困"，其事参见《子罕》篇"子畏于匡"章。

译文

孔子被匡地的人围困，颜渊最后一个逃出来。孔子说："我以为你已经死了呢。"颜渊说："老师健在，我怎么敢死呢？"

二十四　季子然①问："仲由、冉求②可谓大臣与？"子曰："吾以子为异之问，曾由与求之问。所谓大臣者，以道③事君，不可则止。今由与求也，可谓具臣矣。"曰："然则从之者与？"子曰："弑父与君，亦不从也。"

注释

①季子然：季氏的同族之人。②仲由、冉求：仲由、冉求，这时皆为季氏家臣。③道：即治国之道，也就是尧、舜、禹、汤、文、武、周公一贯所行的仁政。

译文

季子然问："仲由和冉求可以称作大臣吗？"孔子说："我以为你是问什么特别的事，原来是问由和求呀。所谓大臣，能够用周公之道侍奉君主，如果这样不行，他宁肯辞职不干。现在由和求这两个人，只能算是充数的臣子罢了。"季子然说："那么他们会一切都跟着季氏干吗？"孔子说："谋害父亲和君主的事，他们也不会跟着干的。"

二十五　子路使子羔为费宰①。子曰："贼夫人之子②。"子路曰："有民人焉，有社稷焉，何必读书，然后为学？"子曰："是故恶夫佞者③。"

注释

①子路使子羔为费宰：子路推荐子羔做费宰。子羔，高柴。费，鲁国的费邑，当时属季氏所有。宰，邑宰，如后世的县长。②贼夫人之子：孔子主张学而优则仕，子羔学问尚浅，派他去做费宰，无疑是害他。从事政治，必须有足够的学问，才能办理有利于民的事情，假使学问不足，就去做官，实际是拿人民做试验品，一定有害于民。子羔如做费宰，虽不至于害民，但自己会受害。贼，害。③是故恶夫佞者：子路竟辩驳得很有道理，孔子因而责备子路："是故恶夫佞者。"恶，厌恶。佞，佞口，能将无理说为有理。

译文

子路让子羔去费地做官。孔子说："这是误人子弟啊。"子路说："那个地方有百姓，有社稷，治理百姓和祭祀神灵都是学习，为什么一定要读书才算学习呢？"孔子说："所以我讨厌那种花言巧语会狡辩的人。"

二十六　子路、曾晳、冉有、公西华侍坐。子曰："以吾一日长乎尔，毋吾以也。居则曰：'不吾知也！'如或知尔，则何以哉？"①子路率尔而对曰："千乘之国，摄乎大国之间，加之以师旅，因之以饥馑，由也为之，比及三年，可使有勇，且知方也。"夫子哂之②。"求！尔何如？"对曰："方六七十，如五六十，求也为之，比及三年，可使足民。如其礼乐，以俟君子。"③"赤！尔何如？"对曰："非曰能之，愿学焉。宗庙之事，如会同，端章甫，愿为小相焉。"④"点！尔何如？"鼓瑟希，铿尔，舍瑟而作，对曰："异乎三子者之撰。"子曰："何伤乎？亦各言其志也。"曰："莫春者，春服既成，冠者五六人，童子六七人，浴乎沂，风乎舞雩，咏而归。"夫子喟然叹曰："吾与点也！"⑤三子者出，曾晳后。曾晳曰："夫三子者之言何如？"子曰："亦各言其志也已矣。"曰："夫子何哂由也？"曰："为国以礼，其言不让，是故哂之。""唯求则非邦也与？""安见方六七十如五六十而非邦也者？""唯赤则非邦也与？""宗庙会同，非诸侯而何？赤也为之小，孰能为之大？"

注释

①"子路"句：此一段分二节。第一节记与闲谈的四弟子之名。其中曾晳是曾子的父亲。第二节，孔子提示弟子各言其志。②子路……夫子哂之：子路率尔而对，"率"作"卒"，读"促"音，仓促。子路说罢，孔子哂之。哂是笑，含有训诫的意思。孔子这样一笑，冉有等就不敢说了，于是孔子指名征问。③"求！尔何如？"句：孔子先问冉有，冉有说的话，有谦退，有不谦退。不谦退的是"可使足民"，谦退的是"如五六十"，"如其礼乐，以俟君子"。孔子听了，未置可否。④"赤！尔何如？"句：孔子再问公西华。公西华愿作小会同之相，言辞温恭。会同有大小，例如齐桓公会众诸侯，是大会同，如两国诸侯相会，则是小会同。端，代表礼服。章甫，代表礼帽。⑤"点！尔何如？"句：曾晳另在一旁鼓瑟，所以孔子先问前三人，然后问曾晳。作，起，起身。撰，指说的话，一说指才具，才能。何伤乎，何妨。曾晳于是简约地说出自己的志趣。莫春，暮春，是春季最后一个月。冠者，即成年者。沂，沂水。舞雩（yú），求雨的祭坛，祭时有乐舞。曾晳志在同一群青少年，在沂水雩坛各处游览，兴尽，歌咏而归。这就是隐居教书的志趣。所以孔子感叹说："吾与点也！"与，赞同。

译文

子路、曾晳、冉有、公西华四个人陪坐在孔子身旁。孔子说："我比你们年长些，但你们不要拘束。你们平时总说'没有人了解我呀！'假如有人了解你们，那你们要怎样去做呢？"子路急忙回答："一个拥有一千辆兵车的国家，局促地夹在大国中间，外有兵戈相加，内有饥荒相困，让我去治理，只需三年，就能使人们勇敢善战，并懂得礼仪。"孔子听了，微微一笑。孔子又问："冉求！你怎么样呢？"

冉求答道:"方圆六七十里或五六十里的国家,让我去治理,三年以后,就能使百姓饱暖富有。至于这个国家的礼乐教化,就有待君子来施行了。"孔子又问:"公西赤!你怎么样?"公西赤答道:"我不敢说有能力,但是我愿意学习。在宗庙祭祀的活动中,或者在同别国的盟会中,我愿意穿着礼服,戴着礼帽,做一个小相。"孔子又问:"点!你怎么样呢?"这时曾皙弹瑟的声音逐渐放慢,接着"铿"的一声,离开瑟站起来,回答:"我和他们三位的想法不一样。"孔子说:"有什么关系?也就是各人谈论自己的志向而已。"曾皙说:"暮春三月,已经穿上了春装,邀上五六位成年人,六七个少年,去沂河里沐浴,到舞雩台上乘凉,一路唱着歌回来。"孔子长叹一声说:"我是赞成曾皙的想法的!"子路、冉有、公西华三个人都出去了,曾皙后走。曾皙问孔子:"他们三人的话怎么样?"孔子说:"也就是各自谈谈自己的志向罢了。"曾皙说:"夫子为什么要笑仲由呢?"孔子说:"治理国家凭借礼让,可是他说话一点儿也不谦让,所以我笑他。"曾皙又问:"难道冉求讲的不是治理国家

吗？"孔子说："哪里见得方圆六七十里或五六十里的地方就不是国家呢？"曾晳又问："公西赤讲的不是治理国家吗？"孔子说："宗庙祭祀和诸侯会盟，这不是诸侯的事又是什么？像赤这样的人如果只能做一个小相，那谁又能做大相呢？"

颜渊篇第十二

一　颜渊问仁。子曰:"克己复礼为仁①。一日克己复礼,天下归仁焉。为仁由己,而由人乎哉?"颜渊曰:"请问其目。"子曰:"非礼勿视,非礼勿听,非礼勿言,非礼勿动。"颜渊曰:"回虽不敏,请事斯语②矣。"

注释

①克己复礼为仁:凡事能约束自己,不责备人,便能合礼。约束自己,就是礼让他人,宽恕他人,如此即得礼之根本,便是仁。克己,克制自己,约束自己。复,或作"反"字讲,或作"归"字讲,皆是相合的意思。②请事斯语:意思是遵照孔子的话去奉行。

译文

颜回问如何做到仁。孔子说:"约束自身,使言行合乎礼,那就是仁了。一旦有一天能做到这样,整个天下都会归于仁。为仁与否完全在自己,难道能靠别人吗?"颜回说:"请问实行仁的具体条目。"孔子回答:"不合礼节的不要看,不合礼节的不要听,不合礼节的话不要讲,不合礼节的事不要做。"颜回听了说:"我虽然不够聪明,但我愿意遵照老师的这些话去努力奉行。"

二　仲弓问仁。子曰:"出门如见大宾,使民如承大祭①。己所不欲,勿施于人。在邦无怨,在家无怨②。"仲弓曰:"雍虽不敏,请事斯语矣。"

注释

①出门如见大宾,使民如承大祭:出门与人相见,犹如接见大宾,使用民力犹

如承奉大祭。见大宾必须敬,承大祭必须诚,诚与敬即可为仁。②在邦无怨,在家无怨:无论在哪里做事都不使人抱怨。

译文

仲弓问什么是仁。孔子说:"出门办事要像会见贵宾,役使百姓要像进行重大的祭祀。自己不愿意要的,不要强加于别人。做到在官府没人怨恨,在家族里也没人怨恨。"仲弓说:"我虽然迟钝,也一定会遵循这些教导。"

三　司马牛问仁[①]。子曰:"仁者,其言也讱[②]。"曰:"其言也讱,斯谓之仁已乎?"子曰:"为之难,言之得无讱乎?"

注释

①司马牛问仁:司马牛,孔子的弟子,名耕,字子牛,宋国人。司马桓魋(tuí)是他的哥哥。桓魋有意谋害宋景公,子牛深恐其谋反成功,便是弑君篡位,天下人皆得诛之,谋反失败,也必然招来灭族之祸。子牛忧国忧兄,陷于两难之境,不知如何是好,但又不能明说,乃至鲁国,向孔子问仁。②讱:难于说出。

译文

司马牛问什么是仁。孔子说:"仁人,言语慎重。"司马牛说:"言语慎重就叫作仁了吗?"孔子说:"事情做起来很难,则说时能不慎重吗?"

四　司马牛问君子[①]。子曰:"君子不忧不惧。"曰:"不忧不惧,斯谓之君子已乎?"子曰:"内省不疚,夫何忧何惧?"

注释

①司马牛问君子:此章与前章有关联。司马牛问君子,是想解除隐在心中的忧惧。

译 文

司马牛问如何做一个君子。孔子说:"君子不忧愁、不恐惧。"司马牛说:"不忧愁、不恐惧,这就叫作君子了吗?"孔子说:"自己问心无愧,哪里还有忧愁和恐惧呢?"

五　司马牛忧曰:"人皆有兄弟,我独亡①。"子夏曰:"商闻之矣:死生有命,富贵在天。君子敬而无失,与人恭而有礼,四海之内,皆兄弟也。君子何患乎无兄弟也?"

注 释

①人皆有兄弟,我独亡:司马牛以无兄弟而忧。因其兄作恶多端,死亡无日,所以说自己没有兄弟。

译 文

司马牛忧愁地说:"别人都有兄弟,唯独我没有。"子夏说:"我听说过:死生有命,富贵在天。君子只要对待所做的事情严肃认真,不出差错,对人恭敬而合乎于礼的规定,那么,全天下人都是你的兄弟了。何必担心没有兄弟呢?"

六　子张问明①。子曰:"浸润之谮②,肤受之愬③,不行焉,可谓明也已矣。浸润之谮,肤受之愬,不行焉,可谓远也已矣。"

注 释

①明:不听谮愬,可谓明。②谮(zèn):谗言。③愬(sù):同"诉",谗言。

译 文

子张问怎样才算明智。孔子说:"像点滴浸润、入之以渐的谗言,像切肤之痛

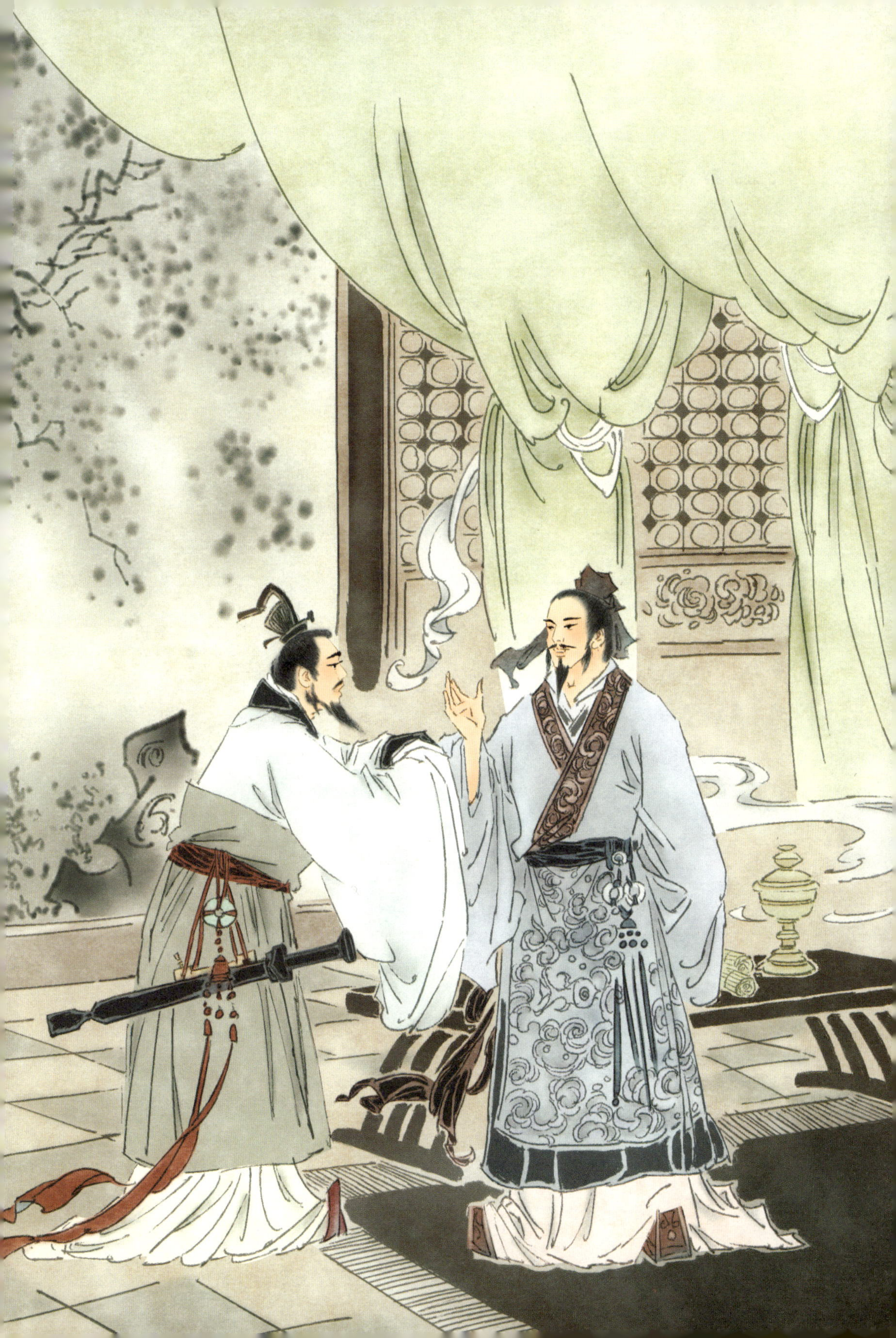

那样直接的诽谤，在你那里都行不通，那你就是明智的了。点滴浸润、入之以渐的谗言和像切肤之痛一样直接的诽谤，在你那里都行不通，那你就是有远见了。"

七　子贡问政。子曰："足食，足兵①，民信之矣。"子贡曰："必不得已而去，于斯三者何先？"曰："去兵。"子贡曰："必不得已而去，于斯二者何先？"曰："去食。自古皆有死，民无信不立。"

注释

①兵：原指武器，后来持用武器的人也叫作兵，此处所说的"兵"字含有国防的意思。

译文

子贡问如何治理国家。孔子说："粮食充足，军备充足，老百姓信任统治者。"子贡说："如果迫不得已去掉一项，那么在三项中先去掉哪一项呢？"孔子说："去掉军备。"子贡说："如果还要再去掉一项，那么这两项中去掉哪一项呢？"孔子说："去掉粮食。自古以来人总是要死的，如果老百姓对统治者不信任，那么国家就无法存在了。"

八　棘子成①曰："君子质而已矣，何以文为？"子贡曰："惜乎，夫子之说君子也！驷不及舌。文犹质也，质犹文也。虎豹之鞟犹犬羊之鞟②。"

注释

①棘子成：卫国大夫。他与孔子的学术思想不同。②惜乎……犬羊之鞟（kuò）：孔子把文与质配合起来，所谓"文质彬彬，然后君子"。棘子成也知孔子的学术，但思想各异，所以有以上的议论。

译文

棘子成说:"君子只要品质好就行了,要那些表面的形式有什么用呢?"子贡说:"真遗憾啊,夫子您这样谈论君子!一言既出,驷马难追。本质就像文采,文采就像本质,都是同等重要的。去掉了毛的虎豹皮,就和去掉了毛的犬羊皮没有任何区别了。"

九 哀公问于有若曰:"年饥,用不足,如之何?"有若对曰:"盍彻①乎?"曰:"二②,吾犹不足,如之何其彻也?"对曰:"百姓足,君孰与不足?百姓不足,君孰与足?"

注释

①彻:周朝的税法,规定农民缴十分之一的税,这也是天下的通法。夏朝用贡法,殷朝用助法,周朝用彻法,其实都是十分之一的税法。②二:鲁国自宣公十五年改变税制,征税十分之二,此制直到哀公未曾再改。

译文

鲁哀公问有若说:"遇到饥荒,国家用度困难,有什么办法?"有若回答:"为什么不实行彻法,只抽十分之一的田税呢?"哀公说:"现在抽十分之二,我还不够,怎么能实行彻法呢?"有若说:"假如百姓的用度够,您怎么会不够呢?假如百姓的用度不够,您又怎么会够呢?"

十 子张问崇德辨惑①。子曰:"主忠信,徙义,崇德也。爱之欲其生,恶之欲其死,既欲其生,又欲其死,是惑也。'诚不以富,亦只以异。'②"

注释

①崇德辨惑：古时成语。"崇"字当"高"字讲。崇德，提高其德行。辨惑，辨别疑惑。②诚不以富，亦只以异：这是《诗经·小雅·我行其野》篇中的两句诗。朱熹《论语集注》认为这两句为错简（别章的文句，因为书页次序错了，误在此处）。因而不讲，存疑。

译文

子张问如何可以算是崇德与辨惑。孔子说："以忠诚信实为本，顺从大义，可以算是崇德了。喜爱一个人的时候，希望他活得很好，讨厌他的时候，希望他死，既要他生，又要他死，这就是迷惑。《诗经》上说：'诚不以富，亦只以异。'"

十一　齐景公问政于孔子①。孔子对曰："君君，臣臣，父父，子子。"公曰："善哉！信如君不君，臣不臣，父不父，子不子，虽有粟，吾得而食诸？"

注释

①齐景公问政于孔子：齐景公，齐国国君，姓姜，名杵臼，"景"是谥号。此时齐国政治不安定，所以齐景公问政于孔子。

译文

齐景公问孔子为政治国的方法。孔子回答："君王尽君王之义务，臣子负臣子的责任，父亲尽父亲的义务，儿子负儿子的责任。"齐景公说："这番话说得太好了！如果做君王的不尽君王的义务，做臣子的不负臣子的责任，做父亲的不尽父亲的义务，做儿子的不尽儿子的责任，纵然有米粮，我能吃得到吗？"

十二　子曰："片言可以折狱者①，其由也与？"子路无宿诺②。

注释

①片言可以折狱者：审理讼案，先要听原告及被告两方言辞，然后判决。片言，偏言，或半言。狱，诉讼。②无宿诺：即不事先答应。子路既然答应，必不失信。

译文

孔子说："只凭只言片语就能断案的人，大概只有仲由吧？"子路没有说话不算数的时候。

十三　子曰："听讼①，吾犹人也。必也使无讼乎！"

注释

①听讼：听取双方所讼之辞，判定是非曲直。

译文

孔子说："审理诉讼案件，我和别人也是一样的。重要的是使诉讼的案件根本不发生才好！"

十四　子张问政。子曰："居之无倦，行之以忠①。"

注释

①居之无倦，行之以忠：倦，懈怠或疲倦。忠，无论办任何事，自始至终，都要把心放在当中，不能偏私。

译文

子张问怎么治理政事。孔子说："任职不懈怠，行事要忠实。"

十五　子曰:"博学于文,约之以礼,亦可以弗畔矣夫!"①

注释

①"子曰"句:《雍也》篇有此一章。

译文

孔子说:"君子广泛学习典籍,并以礼约束自己,就可以不离经叛道了吧!"

十六　子曰:"君子成人之美,不成人之恶①。小人反是。"

注释

①君子成人之美,不成人之恶:君子助人成就善事,不助人成就恶事。

译文

孔子说:"君子成全他人的好事,不促成他人的坏事。小人刚好相反。"

十七　季康子问政于孔子①。孔子对曰:"政者,正也②。子帅以正,孰敢不正?"

注释

①季康子问政于孔子:季康子是鲁国三家大夫之一,把持政治,却治理不好,因此问孔子,怎样为政。②政者,正也:孔子把"政"字的意义解释为"正"。正,公正无私。为政就要守住这个"正"字。

译文

季康子向孔子请教为政之道。孔子回答:"所谓政务,就是端正。你用端正的言行做表率,谁敢不端正?"

十八　季康子患盗,问于孔子。孔子对曰:"苟子之不欲,虽赏之不窃①。"

注释

①苟子之不欲,虽赏之不窃:孔子以为,人有欲心,即有盗心,有盗心就会做盗贼,所以答复季康子"苟子之不欲",如果你自己不贪欲,"虽赏之不窃",即使你奖赏人为盗,而人也不去盗窃。

译文

季康子担忧盗窃,问孔子怎么办。孔子回答:"如果你不贪求,即使奖励他人,也没有人偷盗。"

十九　季康子问政于孔子曰："如杀无道①，以就有道②，何如？"孔子对曰："子为政，焉用杀？子欲善而民善矣。君子之德风，小人之德草。草上之风，必偃③。"

注释

①无道：恶人。②有道：一说指善人；一说指政治清明。③草上之风，必偃：草加之以风，必然仆倒。例如风自东边吹来，草必向西倒，风自西边吹来，草必向东倒。此即比喻在上位的人必能感化普通民众。上，加。偃，仆。

译文

季康子向孔子请教如何治理政事，说："如果以杀戮恶人的方式成就国家政治清明，怎么样？"孔子说："您治理政事，哪里用得着杀戮的手段呢？您只要想行善，老百姓也会跟着行善。君子的品德好比风，小人的品德好比草。风吹到草上，草就必定跟着倒。"

二十　子张问："士①何如斯可谓之达②矣？"子曰："何哉，尔所谓达者？"子张对曰："在邦必闻，在家必闻。"子曰："是闻也，非达也。夫达也者，质直而好义，察言而观色，虑以下人。在邦必达，在家必达。夫闻也者，色取仁而行违，居之不疑。在邦必闻，在家必闻。"

注释

①士：读书人。②达：子张所理解的达，即在一国做事，一国之人必闻其名，在大夫之家做事，大夫全家必闻其名。

译文

子张问："读书人要怎样才可以叫作通达？"孔子说："你说的通达是什么意思？"子张答道："在国中必定有名望，在大夫家中也必定有名声。"孔子说："这只是闻名，不是通达。所谓通达，那是要秉性正直，喜好礼义，洞察言谈，观望神态，思虑自己不如他人之处。这样的人，在国中必定通达，在大夫家中必定通达。所谓闻名，只是外表上装出仁的样子，而行动上却违背了仁，自己还以仁人自居而不惭愧。但他在国中必定闻名，在大夫家中必定闻名。"

二十一　樊迟从游于舞雩①之下，曰："敢问崇德、修慝、辨惑。"子曰："善哉问！先事后得，非崇德与？攻其恶，无攻人之恶，非修慝与？一朝之忿，忘其身，以及其亲，非惑与？"

注　释

①舞雩：鲁国雩祭之处，其地有雩坛，有树木，孔子常带弟子们到此游览。

译　文

樊迟陪着孔子在舞雩台下散步，说："请问怎样提高品德修养、改正自己的邪念、辨别迷惑。"孔子说："问得好！先努力做事，然后才想到有所收获，不就是提高品德吗？检讨自己，不攻评他人，不就是消除邪念吗？由于一时的气愤，就忘记了自身的安危，以至于牵连自己的亲人，这不就是迷惑吗？"

二十二　樊迟问仁①。子曰："爱人。"问知②。子曰："知人。"
樊迟未达。子曰："举直错诸枉，能使枉者直③。"
樊迟退，见子夏曰："乡也④吾见于夫子而问知，子曰：'举直错诸枉，能使枉者直。'何谓也？"子夏曰："富哉言乎！舜有天下，选于众，举皋陶，不仁者远矣。汤有天下，选于众，举伊尹，不仁者远矣。"

注　释

①樊迟问仁：诸弟子问仁，孔子解答并不相同，但归结到本义则是一致。此处将"仁"解为"爱人"。②知：即智，孔子解为"知人"。智者必有知人之明。③举直

错诸枉,能使枉者直:把直者选举出来,安置在枉者之上,就能使枉者学为直者。错,当"置"字讲。④乡也:"乡"字,假借为"向"字,古读"响"音,《说文解字》:"向,不久也。"

译文

樊迟问仁。孔子说:"爱护他人。"又问智。孔子说:"了解他人。"

樊迟听了不明白。孔子说:"举用正直的人来放置在那些不正直的人之上,能使不正直的人也变得正直了。"

樊迟退出来,见到子夏,说:"刚才我向老师询问智,老师说:'举用正直的人来放置在那些不正直的人之上,能使不正直的人变得正直。'这句话是什么意思呢?"子夏说:"这话含意丰富啊!从前舜有了天下,在众人中选出贤能的皋陶来治理国家,那些不仁的人都远离了。后来商汤有了天下,从众人之中选出贤能的伊尹来治理国家,那些不仁的人也都远离了。"

二十三　子贡问友。子曰:"忠告而善道之①,不可则止,毋自辱焉。"

注释

①忠告而善道之:忠告,以是非观念劝告朋友。善道,以善道引导朋友。

译文

子贡问交友之道。孔子说:"朋友有不对的地方,应该诚心地给予忠告,巧妙地将他导入正轨,如果他不能听从就要停止,暂时不要再劝了,以免自取其辱。"

二十四　曾子曰:"君子以文会友,以友辅仁①。"

注释

①君子以文会友,以友辅仁:君子以诗书礼乐之文结交朋友,以朋友辅助为仁,可谓得其交友之道。文,诗书礼乐。

译文

曾子说:"君子以文章学问来结交朋友,依靠朋友帮助自己培养仁德。"

子路篇第十三

一　子路问政。子曰:"先之①劳之②。"请益③。曰:"无倦。"

注释

①先之:为政者自己先行,以身作则。②劳之:为政者教民勤劳。禹王治水,跋山、涉水、泥行,艰苦备尝,即以身作则。有道之人为政,必定教民勤劳。③请益:请孔子加以说明。

译文

子路问如何从政。孔子说:"以身作则,吃苦耐劳。"子路请求多讲一点。孔子说:"不要懈怠。"

二　仲弓为季氏宰,问政。子曰:"先有司①,赦小过,举贤才。"曰:"焉知贤才而举之?"子曰:"举尔所知;尔所不知,人其舍诸?"

注释

①先有司:有司是邑宰之下各司其事的群属。为政,必须先分配有司的职务,使其职掌分明,办事有序。

译文

仲弓当了季氏的家臣,问如何从政。孔子说:"先责成手下负责具体事务的官吏,让他们各负其责,宽容他们的小过错,举用有贤德的人才。"仲弓又问:"怎样识别贤才而把他们选拔出来呢?"孔子说:"选拔你所知道的;至于你不知道的贤才，别人难道会埋没他们吗？"

三　子路曰："卫君①待子而为政，子将奚先？"子曰："必也正名乎！"子路曰："有是哉，子之迂也！奚其正？"子曰："野哉，由也！君子于其所不知，盖阙如也。名不正，则言不顺；言不顺，则事不成；事不成，则礼乐不兴；礼乐不兴，则刑罚不中；刑罚不中，则民无所措手足。故君子名之必可言也，言之必可行也。君子于其言，无所苟而已矣。"

注释

①卫君：卫灵公的孙子出公辄。辄的父亲蒯（kuǎi）聩是灵公的太子，因罪逃往国外，灵公卒，由辄继为卫君。后来蒯聩回国，取得君位，辄则出奔，因此称为出公辄。

译文

子路（对孔子）说："卫国国君要您去治理国家，您想要先从哪些事情做起呢？"孔子说："首先必须正名分！"子路说："有这么做的吗，您想得太不合时宜了！这名怎么正呢？"孔子说："仲由，真粗野啊！君子对于他所不了解的事情，就不发表意见。名分不正，说起话来就不能顺理成章；说话不能顺理成章，事情就做不成；事情做不成，礼乐也就不能兴盛；礼乐不能兴盛，刑罚的执行就无法得当；刑罚不得当，百姓就无所适从。因此，君子定下一个名分，必须能够说得明白，并且说出来一定要能够行得通。君子对于自己的言语，是从来都不会马虎的。"

四　樊迟请学稼①。子曰："吾不如老农。"请学为圃②。曰："吾不如老圃。"樊迟出。子曰："小人哉，樊须也！上好礼，则民莫敢不敬；上好义，则民莫敢不服；上好信，则民莫敢不用情。夫如是，则四方之民襁负其子而至矣，焉用稼③？"

注释

①稼：种五谷。②圃：种菜蔬。③焉用稼：孔子勉励弟子们要研究修己安人的大学问，要致力于治国平天下的大事业，不要分心去种谷种菜，因为种谷种菜的事情自有农业专家如老农、老圃去做。

译文

樊迟向孔子请教怎样种庄稼。孔子说："我不如老农。"樊迟又请教怎样种菜。孔子说："我比不上菜农。"樊迟退了出去。孔子说："樊迟真是小人！居于上位的人只要重视礼，老百姓就不敢不敬畏；居于上位的人喜好道义，老百姓就不敢不服从；居于上位的人喜好守信，老百姓就不敢不用真诚相待。如果这样，四面八方的老百姓就会背着自己的子女来投奔，哪里用得着自己去种庄稼呢？"

五　子曰："诵《诗》三百①，授之以政，不达；使于四方，不能专对；虽多，亦奚以为②？"

注释

①诵《诗》三百：即《诗经》里的三百零五篇诗。三百是举其整数而言。②授之以政……亦奚以为：孔子以为，读了三百多篇诗，应该会为政，会外交，如果把政事交给他，而他不能通达；派他到国外办事，在辞令方面，又不擅长，读诗虽多，又有何用。

译 文

孔子说:"读熟了《诗经》三百篇,政务交给他却不通晓;出使别国却不能独立应对;即使诗背得再多,又有什么用呢?"

六　子曰:"其身正,不令而行①;其身不正,虽令不从。"

注 释

①其身正,不令而行:其,当政的人。不令而行,就是不发号施令,百姓自然会去做。

译 文

孔子说:"领导者本身正直没有偏差,就是不发号施令,百姓自然会去做;倘若自身不端正,即使发号施令也没有人服从。"

七　子曰:"鲁卫之政,兄弟也①。"

注 释

①鲁卫之政,兄弟也:鲁是周公的封国,卫是康叔的封国,在周公兄弟九人中,康叔与周公最亲密。鲁、卫本兄弟之国,而是时衰乱,政亦相似,故孔子叹之。

译 文

孔子说:"鲁国和卫国的政事,就仿佛兄弟(的政事)一样。"

八　子谓卫公子荆①:"善居室②。始有,曰:'苟合矣。'少有,曰:'苟完矣。'富有,曰:'苟美矣。'"

注释

①卫公子荆：鲁哀公的庶子，也称公子荆，因此，这里用一"卫"字来区别。孔子称赞卫国的公子荆善居室。②善居室："善"字作"能"字讲，即能治其家而不奢侈的意思。

译文

孔子谈到卫国的公子荆时说："他善于治理家政。刚开始宽裕一点，就说：'差不多也就够了。'稍微再多一点时，他说：'差不多就算完备了。'更富有时，他说：'几乎完美了。'"

九　子适卫，冉有仆。子曰："庶矣哉①！"冉有曰："既庶矣，又何加焉？"曰："富之。"曰："既富矣，又何加焉？"曰："教之②。"

注释

①庶矣哉：庶，众多。人民众多，就政治来说是好事。②教之：对他们进行伦理道德的教育。

译文

孔子到卫国去，冉有给他驾车。孔子说："人口真是多呀！"冉有说："人口已经够多了，还要再做些什么呢？"孔子说："要使他们富裕起来。"冉有说："富了以后还再做些什么？"孔子说："对他们进行伦理道德的教育。"

十　子曰："苟有用我者，期月①而已可也，三年有成。"

注释

①期（jī）月：一年。

译文

孔子说："要是有人愿意任用我治理国家，只需一年就可初见成效，三年就一定会大有成就。"

十一　子曰："'善人为邦百年，亦可以胜残①去杀②矣。'诚哉是言也！"

注释

①胜残：消除残暴。②去杀：不用刑杀。

译文

孔子说："'仁善的人治理国家，经过一百年，也就能够消除残暴、废除刑罚杀戮了。'这话真是说得对呀！"

十二　子曰："如有王者，必世而后仁①。"

注释

①如有王者，必世而后仁：三十年为一世。王者受命治理衰世，必须解决民生问题，实施道德教育，使人民身心皆安，两者皆非短时期能奏效，所以必须三十年。

译文

孔子说："如果有王者出现，也一定要经过三十年才能达到仁政。"

十三　子曰："苟正其身矣①，于从政乎何有？不能正其身，如正人何？"

注　释

①苟正其身矣：苟，诚。诚能正其本身。前有"其身正"一章，与此大致相同。

译　文

孔子说："若是能端正自身，治理国政还有什么困难呢？若是不能端正自身，又怎么能纠正别人呢？"

十四　冉子①退朝②。子曰："何晏也③？"对曰："有政。"子曰："其事也④。如有政，虽不吾以，吾其与闻之。"

注　释

①冉子：冉有，此时为季氏的家宰。②退朝：从季氏家中回来，即退于季氏私朝，非退于鲁君公朝。③何晏也：孔子见冉有回来较晚，便问"何晏也？"晏，晚。④其事也：古注"其"字即指季氏。以政为公，以事为私，所以孔子辨别政与事，有正名定分的意思。

译　文

冉求退朝回来。孔子说："怎么回来得这么晚呢？"冉求说："有政事。"孔子说："只是一般的事务吧。如果真有政事，尽管国君现在不用我了，我也会知道的。"

十五　定公问："一言而可以兴邦，有诸？"孔子对曰："言不可以若是，其几也①。人之言曰：'为君难，为臣不易。'如知为君之难也，不几乎一言而兴邦乎？"曰："一言而丧邦，有诸？"孔子对曰："言不可以若是，其几也。人之言曰：'予无乐乎为君，唯其言而莫予违也。'如其善而莫之违也，不亦善乎？如不善而莫之违也，不几乎一言而丧邦乎？"

注释

①其几也：也与之相近了。几，相近。

译文

鲁定公问："一句话就可以使国家兴盛，有这回事吗？"孔子答道："对言语不能寄予如此大的期望，但是也与之接近了。人们说：'做君主很难，做臣子也不易。'如果知道了做君主的难，这不近似于一句话可以使国家兴盛吗？"鲁定公又问："一句话可以亡国，有这回事吗？"孔子回答："对言语不能寄予如此大的期望，但是也与之接近了。人们说：'我当国君没有什么快乐，只是说话没有人敢于违抗。'如果说得对而没有人违抗，不也很好吗？如果说得不对而没有人违抗，那不就近似于一句话可以亡国吗？"

十六　叶公问政①。子曰："近者说，远者来②。"

注释

①叶（shè）公问政：叶，原为一小国，后属于楚，由叶公治理。叶公，楚国大夫沈诸梁，字子高。②近者说，远者来：为政之道，要使近者欢悦，远者来归。近者是本国人，远者是外国人，为政而能使近悦远来，必是施行仁政，感召人民。

译文

叶公向孔子请教为政之道。孔子说："使近处的百姓人人欢喜快乐，远处的百姓都愿意来归附。"

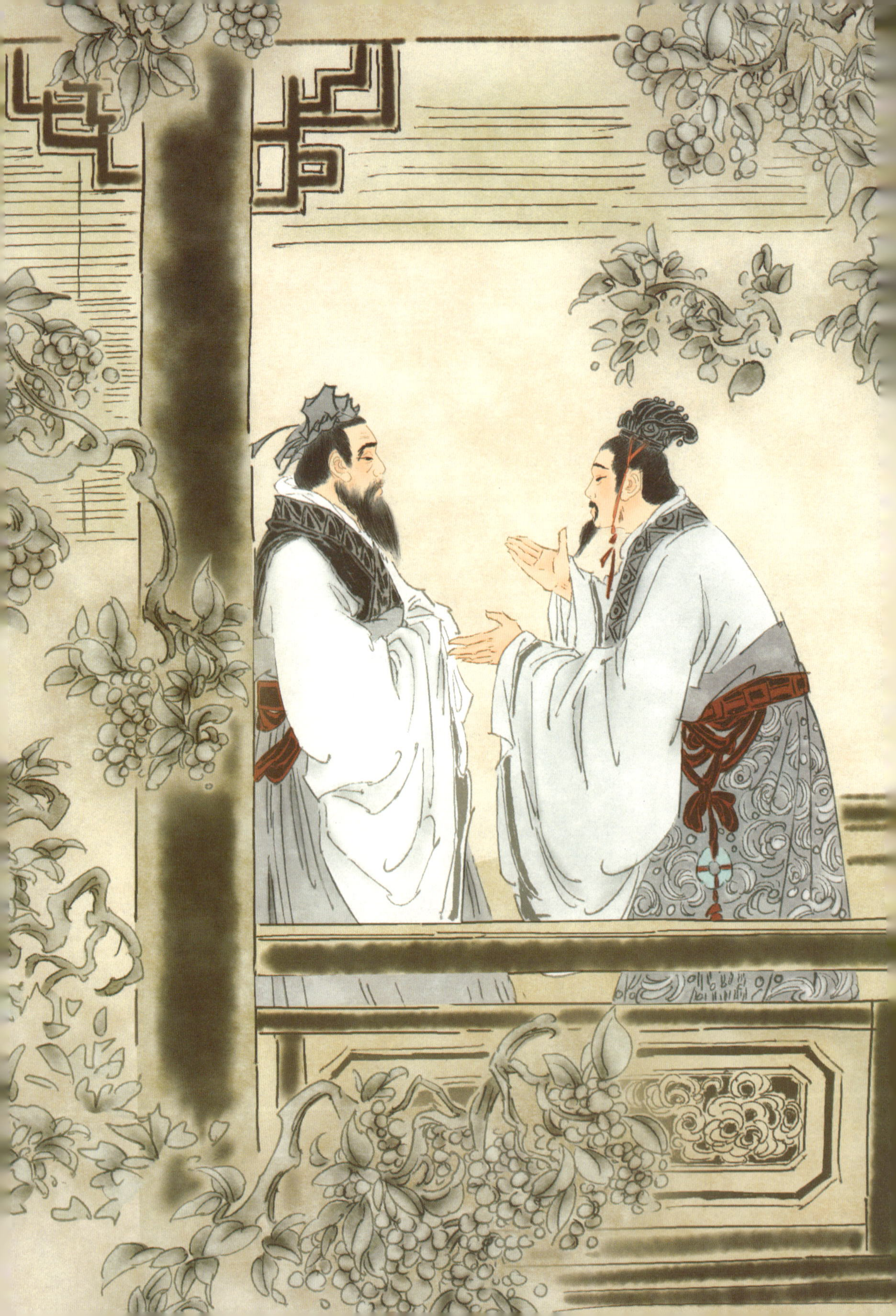

十七　子夏为莒父①宰，问政。子曰："无欲速，无见小利。欲速，则不达；见小利，则大事不成。"

注释

①莒(jǔ)父(fǔ)：鲁国一邑。

译文

子夏当了莒父的长官，来向孔子请教怎样办理政事。孔子说："不能求快，不能贪求小利。求快，反而达不到目的；贪求小利，就做不成大事。"

十八　叶公语孔子曰："吾党有直躬①者，其父攘羊，而子证之②。"孔子曰："吾党之直者异于是：父为子隐，子为父隐，直在其中矣。"

注释

①直躬：直，正直的人。躬是这人的名字。②其父攘羊，而子证之：羊来直躬家中，直躬之父取之。子告诉失羊主人，证明父亲盗羊。攘，夺取。

译文

叶公对孔子说："我的家乡有一个正直的人名叫躬，他的父亲偷了人家的羊，他就告发了父亲。"孔子说："我家乡的正直的人和你说的正直人不一样：父亲替儿子隐瞒，儿子替父亲隐瞒，正直就在其中了。"

十九　樊迟问仁。子曰："居处恭，执事敬，与人忠①。虽之夷狄，不可弃也。"

注释

①居处恭，执事敬，与人忠：居处恭，居于家室，保持恭敬。执事敬，办事笃实，毫不苟且。与人忠，待人忠诚，决不欺骗。此乃为人之道。

译文

樊迟问怎样做才是仁。孔子说："平常在家时心中要保持恭敬，办事时态度要严肃认真，待人忠心真诚。哪怕到了夷狄之地，也不可背弃这些信条。"

二十　子贡问曰："何如斯可谓之士矣？"子曰："行己有耻，使于四方，不辱君命，可谓士矣。"曰："敢问其次。"曰："宗族称孝焉，乡党称弟焉。"曰："敢问其次。"曰："言必信，行必果，硁硁然小人哉①！抑亦可以为次矣。"曰："今之从政者何如？"子曰："噫！斗筲之人②，何足算也？"

注释

①硁硁然小人哉：硁硁然，像石头那样坚实。②斗筲（shāo）之人：筲，竹器，容一斗二升。斗与筲容量都很小，比喻一个人的见识浅陋。

译文

子贡问道："什么样的人才可以称为士？"孔子说："自己在做事时有知耻之心，出使他国，能够完成君主交付的使命，就可以称为士。"子贡说："请问次一等的士是什么样的。"孔子说："宗族中的人称赞他孝顺，乡党们称赞他友爱。"子贡又问："请问再次一等的士是什么样的。"孔子说："说话一定诚实守信，行为必定坚决果断、坚持到底，不分是非地固执己见，那是小人啊！但也可以说是再次一等的士了。"子贡说："现在执政的人，您看怎么样？"孔子说："唉！这些器量狭小的人，哪里能称得上士呢？"

二十一　子曰:"不得中行①而与之②,必也狂狷乎!狂者进取,狷者有所不为也③。"

注　释

①中行:注重的是"中"字,中就是中庸之道,无过,亦无不及。②与之:"与"字,同"可与共学,可与适道"的"与"字同义。③狂者进取,狷者有所不为也:狂者进取于善道,狷者守节无为。

译　文

孔子说:"我找不到奉行中庸之道的人和他交往,只好与狂狷者相交往了!狂者敢作敢为、勇于进取,狷者对有些事是不肯做的。"

二十二　子曰:"南人有言曰:'人而无恒,不可以作巫医。'善夫!""不恒其德,或承之羞①。"子曰:"不占而已矣。"

注　释

①不恒其德,或承之羞:出自《周易·恒卦》九三爻的爻辞。

译　文

孔子说:"南方人有句话说:'人如果做事缺乏恒心,连做巫医都不可以。'这句话说得真对啊!"《易经》上讲:"一个人不能长久地保持自己的德行,常常要遭受耻辱。"孔子说:"(这是指无恒心的人)不要占卜。"

二十三　子曰:"君子和而不同,小人同而不和①。"

注释

①君子和而不同，小人同而不和：据《左传·昭公二十年》，齐国晏子为齐君辨别"和、同"二字之异，"和"如五味调和，五声相成，"同"则单调，只是一声一味之同，不与他声、他味相调和，如此，食之无味，听之无趣。晏子的解释，可为此章注解重要的参考。

译文

孔子说："君子能与大众和谐相处，但并不同流合污；小人结党营私，同流合污，而不能与大众和谐相处。"

二十四　子贡问曰："乡人皆好之，何如？"子曰："未可也。""乡人皆恶之，何如？"子曰："未可也。不如乡人之善者好之，其不善者恶之①。"

注释

①不如乡人之善者好之，其不善者恶之：与其泛随乡人好恶，不如亲自观察，若乡人之中的善人喜好他，恶人厌恶他，那么他便是好人。

译文

子贡问孔子："全乡所有人赞扬他，这个人怎么样？"孔子说："不能肯定。"子贡又问孔子："全乡的人都讨厌他，这个人怎么样？"孔子说："不能肯定。倒不如全乡的好人都称赞他，全乡的坏人都厌恶他。"

二十五　子曰："君子易事而难说①也。说之不以道，不说也；及其使人也，器之。小人难事而易说也。说之虽不以道，说也；及其使人也，求备焉。"

注释

①说：同"悦"字。

译文

孔子说："为君子做事很容易，但难以取悦他。不用正当的方式取悦他，他是不会喜悦的；但是，当他任用人的时候，总是量才而用。小人难以侍奉，但要取悦他则是很容易的。不按正道去取悦他，他也会喜悦；可是等到他任用人的时候，却是求全责备。"

二十六　子曰："君子泰①而不骄②，小人骄而不泰。"

注释

①泰：坦然。②骄：骄矜、傲慢。

译文

孔子说:"君子心地坦然,光明正大,所以坦然自在而不骄傲,小人骄横却无法坦然自在。"

二十七　子曰:"刚①、毅②、木③、讷④,近仁。"

注释

①刚:刚强不屈。②毅:果敢。③木:质朴无华。④讷:言语迟钝。

译文

孔子说:"刚强、坚忍、质朴、谨慎,这四种德行都接近仁。"

二十八　子路问曰:"何如斯可谓之士矣?"子曰:"切切偲偲,怡怡如也,可谓士矣①。朋友切切偲偲,兄弟怡怡。"

注释

①切切偲(sī)偲,怡怡如也,可谓士矣:刘氏《论语正义》以为,孔子的话到此为止。"切切偲偲,怡怡如也",是当时的常见语,所以孔子概略言之,记《论语》者恐人不明,便加两句解释:"朋友切切偲偲,兄弟怡怡。"兄弟属于天伦,朋友在五伦中是道义结合,所以相处各有其道。

译文

子路问孔子:"怎样才能称为士呢?"孔子说:"互助督促勉励,和睦共处,可以算是士了。朋友之间互相督促勉励,兄弟之间和睦相处。"

二十九　子曰:"善人①教民七年,亦可以即戎②矣。"

注释

①善人：仁善的人。②即戎：作战。戎，战争。

译文

孔子说："仁善的人教导百姓七年，也就可以叫他们去作战了。"

三十　子曰："以不教民①战，是谓弃之。"

注释

①不教民：指没有经过训练和道德教育的百姓。

译文

孔子说："用不经过作战训练和道德教育的百姓去打仗，这等于抛弃他们。"

宪问篇第十四

一　宪①问耻。子曰："邦有道，谷。邦无道，谷，耻也②。""克、伐、怨、欲不行焉③，可以为仁矣？"子曰："可以为难矣，仁则吾不知也。"

注释

①宪：孔子弟子原宪，即原思，字子思。②邦有道，谷。邦无道，谷，耻也：邦有道，当食其禄；邦无道，而在其朝，食其禄，是耻辱。谷，禄。③克、伐、怨、欲不行焉：克、伐、怨、欲，是好胜、自夸、怨恨、贪欲。克、伐、怨、欲不行，就是不好胜、不自夸、不怨恨、不贪欲。

译文

原宪问孔子什么是可耻。孔子说："国家有道时，做官领取俸禄。国家无道时，仍然做官领取俸禄，这就是可耻。"原宪又问："好胜、自夸、怨恨、贪求的事都不去做，算做到仁了吧？"孔子说："这可以说是很难得的，但至于是否做到了仁，那我就不知道了。"

二　子曰："士而怀居①，不足以为士矣。"

注释

①怀居：怀念安居的生活。居，居处。

译文

孔子说："士如果贪恋家中的安逸生活，就称不上是士了。"

三　子曰："邦有道，危①言危行；邦无道，危行言孙②。"

注　释

①危：据《广雅》作"正"字。②孙：同"逊"，谦逊。

译　文

孔子说："国家政治清明时，要正言正行；国家政治昏乱时，行为要正直，但说话要谦逊。"

四　子曰："有德者必有言，有言者不必有德①。仁者必有勇，勇者不必有仁②。"

注　释

①有德者必有言，有言者不必有德：有德行的人说话不会害人，只想对人有好处，所以必说有益之言。但说有益之言的人，有可能是言不由衷，或是能说不能行，并不一定有德。②仁者必有勇，勇者不必有仁：仁者必定勇敢，但勇敢的人不一定有仁德。

译　文

孔子说："有德行的人，一定会讲出有益于人的话语，但是会讲出有益于人的话语的人，不一定有德行。仁者必定勇敢，但是勇敢的人不一定有仁德。"

五　南宫适①问于孔子曰："羿善射，奡荡舟，俱不得其死然②。禹稷躬稼而有天下。"夫子不答。南宫适出，子曰："君子哉若人！尚德哉若人！"

注释

①南宫适：即南宫子容，也就是《公冶长》篇里的南容。②羿善射，奡（ào）荡舟，俱不得其死然：羿、奡，都是夏朝人。羿是有穷国之君，奡是羿臣寒浞之子。羿恃其善射，逐出夏朝天子相，自立为天子，用寒浞为臣，反为寒浞陷害，结果死于寒浞之手。羿死后，寒浞即娶羿的妻室，生了两个儿子，一是奡，一是豷。奡的力气大，能在陆地推舟，由其武力灭了天子相。当时天子相被逐时，其妻已怀孕，逃到有仍，生少康。后由少康灭奡，少康子杼灭豷，而中兴夏室。

译文

南宫适问孔子："羿善于射箭，奡能陆地行舟，结果都不得善终。禹和稷都亲自种植庄稼，却拥有了天下。"孔子没有回答。南宫适出去后，孔子说："这个人真是个君子呀！这个人真崇尚道德啊！"

六　子曰:"君子而不仁者有矣夫①,未有小人而仁者也。"

注释

①君子而不仁者有矣夫:不仁,指违仁。君子学仁,应当求其成熟,仁未成熟,不免违仁。

译文

孔子说:"君子中不具备仁德的人是有的,而小人中具备仁德的人是从来没有的。"

七　子曰:"爱①之②,能勿劳③乎?忠焉,能勿诲乎?"

注释

①爱:爱护。②之:指所爱护者。③劳:从古注作"勉"字讲。

译文

孔子说:"爱护他,能不教他勤勉吗?忠于他,能不规劝教导他吗?"

八　子曰:"为命①,裨谌②草创之,世叔③讨论之,行人子羽修饰之,东里子产润色之④。"

注释

①为命:依《左传》,即作外交辞令。②裨谌(bì chén):郑国大夫,姓裨名谌。③世叔:郑国大夫游吉。《左传》称子大叔。④行人子羽修饰之,东里子产润色之:行人,掌外交事务之官。子羽,郑国大夫公孙挥的字。子产,郑国大夫公孙侨的字。东里,子产所居的地名。办一件外交文书,需要经过四道手续,由四位大夫各尽所长,始告完成,足见子产办事之慎重,更可见子产能够知人用人。

译文

孔子说:"郑国制定的外交文书,都是由裨谌起草的,世叔研究后提出意见,外交官子羽进行修饰,最后由东里的子产润色定稿。"

九　或问①子产。子曰:"惠人②也。"问子西。曰:"彼哉!彼哉!③"问管仲。曰:"人也④。夺伯氏骈邑三百,饭疏食,没齿无怨言⑤。"

注释

①或问:有人问。经文称未具姓名的人为"或人"。②惠人:子产在郑国为政时,给人民很多恩惠,所以孔子以这"惠"字来评定他的为人。③彼哉!彼哉!:孔子不予确评,只说:"彼哉!彼哉!"此有贬低的意思,但无法注明是何意思,只可窥其语气。④人也:《论语》里的"人"和"仁"二字往往通用。"人也"就是"仁也"。⑤夺伯氏骈邑三百,饭疏食,没齿无怨言:伯氏被削地后,家庭生活困难,只得吃一些粗疏的食物,但他没有一句怨言。这说明管仲判决此案,是出于仁心,判得合理。

译文

有人问子产是个怎样的人。孔子说:"他是能施恩惠于人的人。"问子西是个怎样的人。孔子说:"他呀!他呀!"问管仲是个怎样的人。孔子说:"这个人,他把伯氏骈邑的三百家封地夺走,伯氏只能吃粗茶淡饭,却直到老死也没有丝毫怨言。"

十　子曰:"贫而无怨①难,富而无骄易。"

注释

①怨:《说文解字》:"恚也。"《广韵》:"恨也。"

译文

孔子说:"贫穷困苦而没有抱怨很难做到,富贵而不傲慢比较容易做到。"

十一　子曰:"孟公绰为赵魏老则优,不可以为滕薛大夫①。"

注释

①孟公绰为赵魏老则优,不可以为滕薛大夫:孔子认为,以鲁国大夫孟公绰的才性,他适合做大国卿大夫的家臣,不适合做小国的大夫。当时晋国是大国,赵氏、魏氏皆是晋国的卿大夫。孟公绰为人廉洁,做事亦有条理,但非全才。滕、薛皆是小国。大国卿大夫的家臣,与小国的大夫,所负责的事情不同,孟公绰长于此事,不一定长于彼事,用人不能求全责备,必须取其所长,舍其所短。

译文

孔子说:"孟公绰如果做晋国赵氏、魏氏的家臣,是绰绰有余的,但不能做滕、薛这样小国的大夫。"

十二　子路问成人。子曰:"若臧武仲之知①,公绰之不欲②,卞庄子之勇③,冉求之艺④,文之以礼乐,亦可以为成人矣。"曰:"今之成人者何必然?见利思义⑤,见危授命⑥,久要不忘平生之言⑦,亦可以为成人矣。"

注释

①臧武仲之知:臧武仲逃到齐国避祸,齐庄公准备赠田给臧武仲,臧武仲见齐庄公所为,预料他将有难,不愿受田,以免后患,因此在谈话中故意激怒齐庄公,使其作罢,所以孔子说:"臧武仲之知。"知即智。②公绰之不欲:公绰,见前一章。③卞庄子之勇:卞庄子,鲁国著名的勇士,他能够独力与虎格斗。④冉求之艺:冉求的才艺,在《雍也》篇里,曾获孔子的称许。⑤见利思义:遇见可取之利,要想一想此利是否合义,合则取,不合则不取。⑥见危授命:遇见危难,义不可免,决不

逃避，不惜交出生命，也要解危。⑦久要不忘平生之言：与人有约，永久信守，不论后来境遇如何，决不忘却。"要"字当"约"字讲。

译文

子路问怎样才是一个完美的人。孔子说："如果具有臧武仲那样的智慧，孟公绰那样的清心寡欲，卞庄子那样的勇敢，冉求那样的多才多艺，再用礼乐加以修饰，也就可以算是一个完美的人了。"孔子又说："如今的完美的人何必一定要如此呢？见到利益能想到道义，遇到危险能献出生命，相隔很久还不忘过去的诺言，也可以算是一个完美的人。"

十三　子问公叔文子①于公明贾②曰："信乎，夫子不言，不笑，不取乎？"公明贾对曰："以告者过也。夫子时然后言，人不厌其言；乐然后笑，人不厌其笑；义然后取，人不厌其取。"子曰："其然？岂其然乎？"

注释

①公叔文子：卫国大夫公孙拔，"文"是他的谥号，卫献公之孙。②公明贾：姓公明，名贾，卫国人。一说公明古读为公羊，贾读为高，即公羊高。

译文

孔子向公明贾询问公叔文子，说："听说先生他不说、不笑、不取钱财，是真的吗？"公明贾回答道："这是告诉你的那个人说错了。先生他到该说时才说，因此别人不讨厌他说话；快乐时才笑，因此别人不讨厌他笑；合于道义的财才取，因此别人不讨厌他取。"孔子说："是这样吗？难道真是这样吗？"

十四　子曰："臧武仲以防求为后于鲁①，虽曰不要君②，吾不信也。"

注释

①臧武仲以防求为后于鲁：臧武仲凭借他的封邑请求鲁君，为臧氏立继承人。防，臧武仲的食采邑，在今山东费县东北六十里。鲁襄公二十三年，臧武仲为孟孙氏所谮，构成罪过，出奔到邾，派人送礼给鲁君，求鲁君姑念他祖先的功勋，为臧氏立后，以守其先人之祀。鲁君便立他的异母兄臧为作臧氏在鲁国的继承人。臧武仲把防邑交给臧为之后，便奔到齐国。②要君：要，要挟。

译文

孔子说："臧武仲凭借他的封地请求鲁君为他立后代，尽管有人说他不是要挟君主，但我不相信。"

十五　子曰："晋文公谲而不正，齐桓公正而不谲①。"

注释

①晋文公谲（jué）而不正，齐桓公正而不谲：春秋时代，齐桓公、晋文公，相继创立霸业，领导诸侯，尊王攘夷，但孔子认为他们有谲正之分。古注举的例子很多，一是齐桓公在葵丘会盟诸侯，一切以礼待周天子，详见《左传·僖公·僖公九年》及《谷梁传》。一是晋文公的践土之盟，事在《左传·僖公·僖公二十八年》，晋文公召周天子到践土，接受诸侯朝礼。孔子评价："以臣召君，不可以训。"由此可见，晋文公谲而不正，齐桓公正而不谲。

译文

孔子说："晋文公诡诈而不正直，齐桓公正直而不诡诈。"

十六　子路曰："桓公杀公子纠，召忽死之，管仲不死①。"曰："未仁乎？"子曰："桓公九合诸侯，不以兵车，管仲之力也②。如其仁，如其仁③。"

注释

①桓公杀公子纠，召忽死之，管仲不死：齐桓公就是齐国的公子小白，他和公子纠都是齐襄公的弟弟。齐襄公无道，鲍叔牙预知齐国将乱，便同小白出奔到莒。后来齐襄公被公孙无知弑而自立。管仲、召忽两个人同辅公子纠逃到鲁国。几个月后，齐大夫雍廪杀公孙无知。小白由莒回齐。公子纠之母是鲁女，所以鲁国出兵护送公子纠回齐，另外派管仲率兵拦阻莒道。管仲路遇小白，射中小白的带钩，小白佯死脱身。管仲以为小白已死，报告鲁国。鲁军送公子纠遂缓缓前进。不料小白已先入齐，立为国君，是为齐桓公。齐桓公闻鲁军入境，立即发兵迎战，鲁兵败走。齐桓公本欲杀管仲，后因鲍叔牙规劝，决予重用，乃使鲁国杀公子纠，交出召忽、管仲。召忽为子纠殉节自刎。管仲囚送到齐，即由齐桓公任为齐相。②桓公九合诸侯，不以兵车，管仲之力也：齐桓公为诸侯盟主，九合诸侯，不用武力，故称"衣裳之会"，天下由此而安，这都是得力于管仲。③如其仁，如其仁：管仲亦如召忽之仁。

译文

子路说："齐桓公杀了公子纠，召忽为此而死，但管仲却没有死。"又说："管仲不能说是仁人吧？"孔子说："齐桓公多次主持各诸侯国的盟会，不动用武力，都是管仲的力量啊。这就是他的仁德，这就是他的仁德。"

十七　子贡曰："管仲非仁者与？桓公杀公子纠，不能死，又相之①。"子曰："管仲相桓公，霸诸侯，一匡天下，民到于今受其赐。微管仲，吾其被发左衽矣。岂若匹夫匹妇之为谅也，自经于沟渎而莫之知也？"②

注释

①管仲非仁者与？桓公杀公子纠，不能死，又相之：子贡认为，齐桓公杀了管仲所辅的公子纠，管仲不能为子纠而死，反而辅佐齐桓公，这能算是仁人吗？②"子曰"句：孔子认为，管仲相助齐桓公，有这些功绩，可以成为仁人：他使齐桓公成为诸侯的盟主，率领诸侯，尊重周天子，使天下安定，不受夷狄入侵，百姓们

到今天仍受管仲的恩赐。如果没有管仲,我们这些人都要变成披发与左扣衣襟的夷狄了。管仲岂像匹夫匹妇那样,为坚守一种信用,自缢于沟渎之处,而无功绩为人所知。这是孔子以大公立论,并着眼于天下人民所受之惠,为子贡解释疑问,实为后儒论人论事的准据。

译文

子贡说:"管仲不是仁人吧?齐桓公杀了公子纠,他不能为公子纠殉死,反而辅佐齐桓公。"孔子说:"管仲辅佐齐桓公,使他称霸诸侯,匡正了混乱的天下,老百姓到今天还能享受到他带来的好处。如果没有管仲,大概我们也要披散着头发,衣襟向左开着,沦为野蛮人了。他哪能像普通百姓那样拘泥于小节,自杀在小山沟里,而谁也不知道呢?"

十八　公叔文子之臣大夫僎与文子同升诸公。子闻之,曰:"可以为'文'矣①。"

注释

①可以为'文'矣:公叔文子的家臣大夫僎,由文子推荐担任官职,与文子同上于公朝,居平等地位,一同事君。孔子闻知此事,便说,公叔文子可以谥为"文"。

译文

公叔文子的家臣大夫僎和公叔文子一同升做卫国的大夫。孔子知道这件事后,说:"公叔文子死后,可以给他'文'的谥号了。"

十九　子言卫灵公之无道也,康子曰:"夫如是,奚而不丧①?"孔子曰:"仲叔圉治宾客,祝鲩治宗庙,王孙贾治军旅,夫如是,奚其丧?"

注 释

①奚而不丧：丧，败亡。

译 文

孔子讲到卫灵公的昏庸无道，季康子说："既然这样，为什么他没有败亡呢？"孔子说："因为他有仲叔圉主管外交，祝鮀管理宗庙祭祀，王孙贾统率军队，拥有这样几位贤人，怎么会败亡呢？"

二十　子曰："其言之不怍①，则为之也难。"

注 释

①其言之不怍：怍，惭愧。

译 文

孔子说："一个人说话如果大言不惭，那么他实行起来就很困难。"

二十一　陈成子弑简公①。孔子沐浴而朝，告于哀公曰："陈恒弑其君，请讨之。"②公曰："告夫三子③。"孔子曰："以吾从大夫之后，不敢不告也。君曰'告夫三子'者。"之三子告，不可。孔子曰："以吾从大夫之后，不敢不告也。"

注 释

①陈成子弑简公：陈成子，齐国大夫陈恒，他在鲁哀公十四年弑其君壬于舒州。②"孔子沐浴而朝"句：鲁与齐国同盟，又是邻国，齐君被弑，鲁国应该出兵讨伐乱贼。孔子此时已是鲁国老者，非有大事，不入朝见君，既为大事，故先沐浴斋戒，极为慎重。③告夫三子："三子"是"三卿"，即孟孙、叔孙、季孙。鲁国的政权

就在三家手中。

译文

齐国大臣陈成子杀了齐简公。孔子斋戒沐浴以后，随即上朝去见鲁哀公，报告说："陈恒把他的君主杀了，请您出兵讨伐他。"鲁哀公说："你去报告季孙、叔孙、孟孙三位大夫吧。"孔子退下后说："因为我曾经做过大夫，所以不敢不来报告，君主却说'你去告诉那三位大夫吧。'"孔子去向季孙、叔孙、孟孙三位大夫报告，但他们都不愿派兵讨伐。孔子又说："因为我曾经做过大夫，所以不敢不来报告呀。"

二十二　子路问事君。子曰："勿欺①也，而犯②之③。"

注释

①欺：欺骗。②犯：冒犯。③之：君主。

译文

子路问如何侍奉君主。孔子说："不要欺骗他，但为了进谏，要敢于冒犯他。"

二十三　子曰："君子上达，小人下达①。"

注释

①君子上达，小人下达：君子知本，凡事皆从根本做起。小人相反，凡事皆是舍本逐末。上达，下达，含义都很广泛，以本末解释，比较可取。上达指根本，下达指枝末。达，作"晓"字讲，知。

译文

孔子说:"君子日日向上,以修德为本;小人日日向下,舍本逐末。"

二十四　子曰:"古之学者为己,今之学者为人①。"

注释

①古之学者为己,今之学者为人:古时学者将其所求的学问拿来自己实行,这是为自己修养而学。今时学者只将他所求的学问拿来炫耀于人,而他自己不肯实行。

译文

孔子说:"古代的学者,是为了成就自身的学问和修养而学习;现在的学者,是为了炫耀自己而学习,意在博取名利而已。"

二十五　蘧伯玉①使人于孔子。孔子与之坐而问焉，曰："夫子何为？"对曰："夫子欲寡其过而未能也。"使者出。子曰："使乎！使乎！"②

注释

①蘧（qú）伯玉：卫国大夫，姓蘧，名瑗，孔子的老朋友。孔子在卫国时，曾住在他家。②"子曰"句：《淮南子·原道》中称"蘧伯玉年五十，而有四十九年非"。《庄子·则阳》篇也有类似的记述。可见蘧伯玉确是时常欲寡其过，使者的话恰如其分，所以孔子加以赞美。

译文

蘧伯玉派人去拜访孔子。孔子与来人同坐并询问道："先生他最近在做什么？"使者回答："先生他想要减少自己的错误，但还没能做到。"使者退了出去。孔子说："多好的一位使者啊！多好的一位使者啊！"

二十六　子曰："不在其位，不谋其政。"曾子曰："君子思不出其位①。"

注释

①不出其位：安守本分。

译文

孔子说："不处在那个职位上，就不去考虑那个职位上的具体政务。"曾子说："君子的思虑，从来不越出自己的职责范围。"

二十七　子曰："君子耻其言而过其行。"①

注释

①"子曰"句：其言而过其行，例如说了五分，而只做三分或四分。

译文

孔子说："君子感到羞耻的是其言谈超越了自己的行为。"

二十八　子曰："君子道者三，我无能焉：仁者不忧，知者不惑，勇者不惧。"①子贡曰："夫子自道也。"②

注释

①"子曰"句：君子道者三，就是指仁者不忧，智者不惑，勇者不惧。我无能焉，我，孔子自称。无能，做不到。君子办事之道，离不开此三者。但是孔子说："我办不到。"②"子贡曰"句：子贡以为，这三者，孔子都能办得到，所以，无异孔子说自己。

译文

孔子说："君子之道有三条准则，我都未能做到：仁爱的人不忧愁，智慧的人不疑惑，勇敢的人不畏惧。"子贡说："这正是老师的自我写照啊。"

二十九　子贡方人①。子曰："赐也贤乎哉？夫我则不暇②。"

注释

①子贡方人：方人，谤人。子贡谤人，就是说人的短处。②夫我则不暇：是孔子以身示教。

译文

子贡平时喜欢议论别人的短处。孔子说:"赐啊,你自己就那么贤良吗?我可没有闲工夫去这样论人长短。"

三十　子曰:"不患人之不己知①,患其不能也。"

注释

①不患人之不己知:不愁他人不知道自己。不己知,不知己。

译文

孔子说:"不要忧虑别人不了解自己,应该忧虑自己没有才能。"

三十一　子曰:"不逆①诈,不亿②不信,抑亦先觉者,是贤乎!"

注释

①逆:逆料、预料。②亿:亿度、揣测。

译文

孔子说:"不预先揣度别人欺诈,也不凭空猜测别人不诚实,却能事先有所察觉,这样就是贤能了!"

三十二　微生亩①谓孔子曰:"丘何为是栖栖者②与?无乃为佞乎?"孔子曰:"非敢为佞也,疾固③也。"

注释

①微生亩:盖是孔子家乡中的年长者,所以直呼孔子之名。②栖栖者:鸟宿曰

栖。栖栖者，取其翔集不定之义。③疾固：疾，憎恨。固，固执。

译文

微生亩对孔子说："你为什么这样到处栖栖遑遑地游说呢？你不就是要显示自己能言善辩吗？"孔子说："我不敢显示自己能言善辩，而是痛恨那些顽固不化的人。"

三十三　子曰："骥①不称其力，称其德也。"

注释

①骥：千里马，一日能行千里。

译文

孔子说："称一匹马为千里马，不是称赞它的气力，而是称赞它的品德。"

三十四　或曰："以德报怨，何如①？"子曰："何以报德？以直报怨，以德报德②。"

注释

①以德报怨，何如：德，恩德。怨，怨恨。②以直报怨，以德报德：既不以德报怨，也不以怨报怨。例如一个法官，审判一个犯人，这个犯人正是他所怨恨的人，而他公正无私地依法量刑，既不特别减轻，又不特别加重。这就是以直报怨，可以算是恕道。以直报怨，无过，无不及，正合中庸之道。

译文

有人问："以恩德报答仇恨，如何呢？"孔子说："那用什么报答恩惠呢？不如以公正无私报答仇恨，以恩德报答恩德。"

三十五　子曰："莫我知①也夫！"子贡曰："何为其莫知子也？"子曰："不怨天②，不尤人③，下学而上达④。知我者其天乎！"

注释

①莫我知：没有人能理解我。这是孔子感叹没有知己者。②不怨天：孔子知道天命，所以不怨天。③不尤人：孔子只知自我反思，决不怨人。尤，怨。④下学而上达：下学，学人事。上达，达天命。

译文

孔子说："没有人能理解我啊！"子贡说："为什么说没有人能理解您呢？"孔子说："我不埋怨天，也不责怪人，下学礼乐而上达天理。理解我的大概只有天吧！"

三十六　公伯寮愬子路于季孙①。子服景伯②以告，曰："夫子③固有惑志于公伯寮，吾力犹能肆诸市朝④。"子曰："道之将行也与，命也；道之将废也与，命也。公伯寮其如命何！"

注释

①公伯寮愬(sù)子路于季孙：公伯寮，姓公伯，名寮，字子周，鲁国人，与子路同做季氏的家臣。愬子路，就是在季孙氏面前进谗言，诋毁子路。愬，同"诉"。②子服景伯：姓子服，名何，字子伯，"景"是谥号。鲁国大夫。③夫子：季孙。④市朝：市，市场。朝，朝廷。

译文

公伯寮向季孙诬告子路。子服景伯把这件事告诉了孔子,并且说:"季孙氏已经被公伯寮迷惑了,但是我的力量仍能够让他(公伯寮)陈尸街头。"孔子说:"大道能够得到推行,是由天命决定的;大道不能够得到推行,也是由天命决定的。公伯寮能把天命怎么样呢!"

三十七　子曰:"贤者辟世①,其次辟地,其次辟色,其次辟言。"子曰:"作者七人矣②。"

注释

①贤者辟世:辟,同"避",回避、避去。②作者七人矣:作者七人,作,为。为之者,凡七人。长沮、桀溺等七人,都是隐士,古注所说七人不相同,不必详考。

译文

孔子说:"贤人以逃避动荡的社会而隐居为上策,次一等的是逃避到另外一个地方去,再次一等的是避开别人难看的脸色,再次一等的是回避别人难听的话。"孔子又说:"这样做的人已经有七个了。"

三十八　子路宿于石门①。晨门②曰:"奚自?"子路曰:"自孔氏。"曰:"是知其不可而为之者与?"

注释

①石门:鲁城外门。②晨门:看守石门的人,早晨开门,入夜关门。据《高士传》说,石门守者是鲁国人,避居不仕,自隐姓名,为鲁国守石门。

译文

子路在石门夜宿。守城门的人说:"你从哪儿来?"子路说:"从孔氏那里来。"守城门的人说:"就是那个明明知道行不通,却硬要去做的人吗?"

三十九　子击磬①于卫,有荷蒉②而过孔氏之门者,曰:"有心哉③,击磬乎!"既而曰:"鄙哉,硁硁乎④!莫己知也⑤,斯己而已矣⑥。'深则厉,浅则揭。'⑦"子曰:"果哉!末之难矣。"

注释

①磬:玉或石制的乐器。②蒉(kuì):草编的盛物之器。③有心哉:音乐表现心声,孔子击磬,当然有心事。④鄙哉,硁(kēng)硁乎:硁硁是磬的声音,荷蒉者从这声音里想象击磬者是个坚强固执的人,所以说"鄙哉,硁硁乎"。⑤莫己知也:没有人知道孔子。⑥斯己而已矣:便只为自己,不必为人,即孟子所说的独善其身。⑦深则厉,浅则揭:这是荷蒉者引自《诗经·邶风·匏有苦叶》篇的诗句。这两句诗大意是说,涉浅水,可以提起衣服,免湿。涉深水,例如水深至膝以上,提起衣服还是免不了湿,干脆不提衣,就任衣服垂下。水有深浅之异,涉水的方法不同,以喻有心人不必固执,天下无道,就应该归隐。

译文

孔子在卫国,一次正在敲击磬,有一位背扛草筐的人从门前走过,说:"这个击磬的人大有心事啊!"一会儿又说:"声音硁硁的透着固执,真可鄙呀!没有人了解自己,那就算了。'(好像涉水一样)水深就穿着衣裳蹚过去,水浅就撩起衣裳蹚过去。'"孔子说:"果真能如此!那也就不难了。"

四十　子张曰:"《书》云:'高宗①谅阴②,三年不言③。'何谓也?"子曰:"何必高宗,古之人皆然。君薨,百官总己以听于冢宰三年④。"

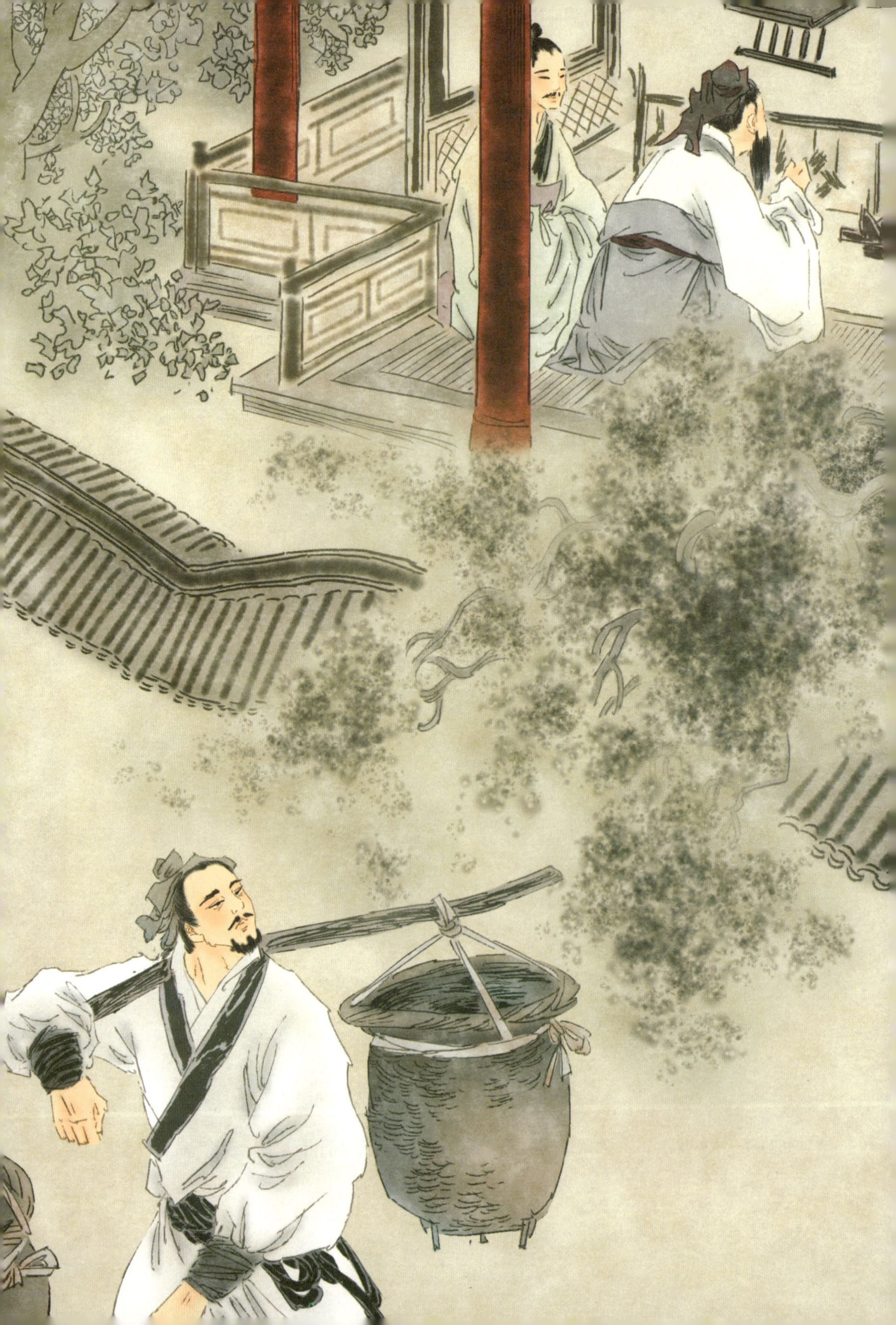

注释

①高宗：商王武丁，德高而可崇，故称高宗。②谅阴：指天子居丧所住的凶庐，本字是"梁庵"，其作"谅阴"，或作"亮阴"等，都是假借字，"谅阴"即读"梁庵"音。③三年不言：高宗武丁，他的父王小乙死，他依古礼守三年丧，《尚书》记载他住在凶庐里，三年不与外人交谈。④君薨，百官总己以听于冢宰三年：人君去世，虽由太子继位，但太子必须守丧三年，丧期未满，不能听政，由冢宰代理政事。冢宰又称太宰，即后世所称的宰相。古注，在孔子时，人君已不行三年丧之礼，子张因此发问，以请孔子指教。

译文

子张说："《尚书》上说：'高宗守丧，三年不与外人交谈。'这是什么意思？"孔子说："不仅仅是高宗，古人都是这样。国君死了，朝廷百官各司其职，听命于冢宰三年。"

四十一　子曰："上好礼，则民易使也①。"

注释

①上好礼，则民易使也：礼本于敬，上下以礼相待，就是上下互敬，这样国家需要驱使民众时，民众就会听从。

译文

孔子说："居于上位的人尊尚礼仪，那么百姓就容易管理了。"

四十二　子路问君子。子曰："修己以敬①。"曰："如斯而已乎？"曰："修己以安人。"曰："如斯而已乎？"曰："修己以安百姓②。修己以安百姓，尧舜其犹病诸！"

注释

①修己以敬：一个人以敬来修治自己，使其身心言语统归于敬，也就是处处合礼，这就可以算是君子了。修，修治。敬，礼的实质。②修己以安百姓：修己即修身，安人即齐家，安百姓则是治国平天下。

译文

子路问怎样成为君子。孔子说："修养自己，保持认真恭敬的态度。"子路说："这样就可以了吗？"孔子说："修养自己，使周围的人们得到安乐。"子路说："这样就可以了吗？"孔子说："修养自己，使所有百姓都安乐。修养自己而使所有百姓都安乐，尧舜尚且顾虑做不到呢！"

四十三　原壤①夷俟②。子曰："幼而不孙弟，长而无述焉，老而不死，是为贼③。"以杖叩其胫④。

注释

①原壤：鲁国人，孔子的老朋友，但其学术思想与孔子大相径庭。②夷俟：夷，踞。俟，待。踞与坐不同。古时的坐姿，先屈膝如跪，两胫向后，然后臀部坐于两足。踞则是臀先坐下，两足向前张开，两膝弓起，其形如箕，名为箕踞，不合乎礼。孔子拜访原壤，依礼，原壤应该出门迎接，不料他不但不出迎，而且箕踞以待。③幼而不孙弟，长而无述焉，老而不死，是为贼：孔子今见原壤如此行为，便当面说原壤三件事。一是幼而不孙弟。这是说他年轻时不遵守逊弟之礼，即不敬顺兄长。二是长而无述。这是说他年长以后，仍不研究圣人之学，因此无所阐述。三是老而不死是为贼。这是说他老了还不死，于人无益，反而有害。④以杖叩其胫：孔子说罢，原壤仍然双手抱膝箕踞不起，孔子就拿起拐杖敲敲他的脚胫。

译文

原壤踞坐着接待孔子。孔子说:"年幼的时候不懂孝悌,长大了无所作为,老了还不去死,真是个祸害。"说完,用手杖轻敲他的小腿。

四十四　阙党①童子②将命③。或问之曰:"益者与④?"子曰:"吾见其居于位⑤也,见其与先生并行⑥也。非求益者也,欲速成者也。"

注释

①阙党:孔子所居的阙里。②童子:未成年人。③将命:指在宾主相见礼中替宾主传话。④益者与:与,是疑问词。⑤居于位:位,成年人所坐之位,依古礼,未成年人不能与年长者列位而坐,只能坐于一隅,而那童子却坐于成年人之位上。⑥与先生并行:先生,成年人。并行,并肩而行。《礼记·王制》篇说,与父亲年龄相等的人同行,要随行在后,与兄长年龄相等的人同行,要肩随而行。

译文

阙里的一个少年,来向孔子传话。有人问孔子:"这是个求上进的后生吗?"孔子说:"我看见他坐在成年人的位子上,又见他与长辈并肩而行。可知他不是个求上进的人,而是个急于求成的人。"

卫灵公篇第十五

一　卫灵公问陈于孔子①。孔子对曰:"俎豆②之事,则尝闻之矣;军旅之事,未之学也。"明日遂行。

注释

①卫灵公问陈于孔子:卫灵公向孔子问军阵作战的事情。陈,阵。②俎(zǔ)豆:祭祀所用的礼器,即代表礼仪。

译文

卫灵公向孔子请教军队列阵作战之法。孔子回答:"祭祀礼仪方面的事情,我曾经听说过;用兵打仗的事,我从来没有学过。"第二天,孔子就离开了卫国。

二　在陈绝粮，从者病，莫能兴。子路愠见曰："君子亦有穷乎？"子曰："君子固穷，小人穷斯滥矣①。"

注　释

①君子固穷，小人穷斯滥矣：君子固然也有穷的时候，但不同于小人，小人穷则胡作非为。

译　文

（孔子一行）在陈国断了粮食，跟随的人都饿病了，没有人能爬起来。子路现出愠怒的神色，说道："君子也有无路可走的时候吗？"孔子说："君子虽然穷困，但还能固守，小人一遇穷困就胡作非为了。"

三　子曰："赐也，女以予为多学而识之①者与？"对曰："然②，非与③？"曰："非也，予一以贯之④。"

注　释

①多学而识（zhì）之：博学且都默记在心。识之，就是《述而》篇所说的"默而识之"。②然：子贡承认孔子多学而识之。③非与：难道不对吗？④予一以贯之：《里仁》篇，孔子曾告诉曾子："吾道一以贯之。"此处告诉子贡："予一以贯之。"都是提示修道的方法。

译　文

孔子说："赐啊，你认为我是一个多学博记的人吗？"子贡答道："是啊，难道不是吗？"孔子说："不是的，我只是用一个道理把它们贯通起来了。"

四　子曰："由！知德者鲜矣①。"

注释

①知德者鲜矣：不注重道德修养的人不能知德，所以知德者少。

译文

孔子说："仲由啊！知道仁德的人可太少了。"

五　子曰："无为而治者其舜也与①？夫何为哉？恭己正南面而已矣②。"

注释

①无为而治者其舜也与：无为而治，是说舜自己不做什么事，而能平治天下。这是因为他知人善任，用了许多的人才，所以能无为而治。②恭己正南面而已矣：恭己，恭敬律己。国君之位坐北向南，正南面就是正坐在君位上。

译文

孔子说："能够以无为而治的办法治理好天下的人，恐怕只有舜吧？他做了些什么呢？不过是庄严端正地坐在朝廷的王位上罢了。"

六　子张问行。子曰："言忠信，行笃敬，虽蛮貊之邦，行矣①。言不忠信，行不笃敬，虽州里②，行乎哉？立则见其参于前也，在舆则见其倚于衡也，夫然后行。"子张书诸绅③。

注释

①虽蛮貊(mò)之邦，行矣：蛮，南蛮；貊，北狄，通指荒蛮落后的国家。②州里：指自己的乡里。③子张书诸绅：子张把孔子的话写于衣带上，随身记诵，依照实行。绅，衣带。

译 文

子张问怎样才能到处都行得通。孔子说:"只要说话忠诚信实,做事笃实恭敬,即使到了蛮荒落后的国家,也能行得通。反之,如果说话不忠诚信实,做事不笃实恭敬,即使在自己的乡里,能行得通吗?站立时就仿佛看到'忠信笃敬'这几个字显现在面前,乘车时就好像看到这几个字刻在车辕前的横木上,这样才会行得通。"子张把这些话写在了自己的衣带上。

七　子曰:"直哉史鱼!邦有道,如矢;邦无道,如矢。君子哉蘧伯玉!邦有道,则仕;邦无道,则可卷而怀之。"①

注 释

①"子曰"句:孔子赞美卫国两位大夫。一位是为人正直的史鱼,一位是君子蘧伯玉。矢,箭。卷,把一张画卷收起来。卷而怀之,蘧伯玉把他的学问和能力收而藏之。

译 文

孔子说:"史鱼真是正直啊!国家政治清明时,他的言行像箭一样直;国家政治黑暗时,他的言行也像箭一样直。蘧伯玉也是一位君子啊!国家政治清明时就出来做官;国家政治黑暗时就(辞去官职)把自己的主张隐藏在心里。"

八　子曰:"可与言①而不与之言,失人;不可与言而与之言,失言。知者不失人,亦不失言②。"

注 释

①可与言:可以与他谈论学问道德。②知者不失人,亦不失言:智者有知人之

明，既不失人，又不失言。知者，智者。失人、失言，都是不智。

译文

孔子说："应该与他谈论，却不和他谈，就是错失了人才；不应该与他谈论，却和他谈，就是说错了话。明智的人，既不会错失人才，也不会说错话。"

九　子曰："志士仁人①，无求生以害仁，有杀身以成仁。"

注释

①仁人：有仁德的人。

译文

孔子说："有志之士和有德行的人，不会为了求生而损害仁道，只会牺牲生命以成全仁道。"

十　子贡问为仁。子曰："工欲善其事，必先利其器。居是邦也，事其大夫之贤者，友其士之仁者。"①

注释

①"子曰"句：孔子先说比喻，工匠想做好工作，必先使其工具锋利，然后为子贡说为仁之道，居住在这个国家里，要侍奉这个国家的贤大夫，要结交有仁德的士人。事贤大夫，可以随之学习，友其仁士，则有所切磋。

译文

子贡问怎样修养仁德。孔子说："工匠想要做好他的事情，必须首先使他的工具锋利。居住在这个国家，就要侍奉大夫中那些贤德的人，与士人中的仁者结交为朋友。"

十一　颜渊问为邦①。子曰:"行夏之时②,乘殷之辂③,服周之冕④,乐则《韶》舞⑤。放郑声,远佞人。郑声淫,佞人殆⑥。"

注释

①颜渊问为邦:问为邦,即问治国之道。②行夏之时:采用夏朝的历法。治国应当先定天时,办事才方便,在农业时代,夏历最标准,所以孔子答复颜渊,治国的第一个要点就是行夏之时。直到现在,民间仍在使用夏历。③乘殷之辂(lù):使用的交通工具,要用殷朝的辂。《经典释文》说:"辂音路,本亦作路。"辂、路都是车名。④服周之冕:冕,礼帽,此处代表衣冠。历代衣冠制度不同,孔子主张用周朝的冕。⑤乐则《韶》舞:各种典礼以及对国民实施教化,都需音乐。但音乐的五音不能错乱,否则不祥。所以,孔子告诉颜渊,音乐要用《韶》舞。⑥放郑声,远佞人。郑声淫,佞人殆:禁绝郑国的乐声,不用巧言的佞人。因为郑声淫,佞人危险。郑声淫,是说郑国的音乐淫邪不正。佞人,例如少正卯,言伪而辩,所以不能用。

译文

颜渊问怎样治理国家。孔子说:"采用夏朝的历法,乘坐商朝的车子,头戴周朝的礼帽,乐舞则用《韶》乐。禁绝郑国的乐曲,疏远奸佞的小人。因为郑国的乐曲淫邪不正,奸佞的小人太危险。"

十二　子曰:"人无远虑,必有近忧。"

译文

孔子说:"一个人如果没有长远的考虑,必定随时会有不可预测的忧患。"

十三　子曰:"已矣乎！吾未见好德如好色者也①。"

注释

①吾未见好德如好色者也：好色是一个人与生俱来的天性，这天性有深浅之分，好色的天性愈深，则愈不能好德。

译文

孔子说："没有希望了！我从来没有见过喜好德行如同喜好美色的人。"

十四　子曰:"臧文仲其窃位者与①？知柳下惠之贤而不与立也②。"

注释

①臧文仲其窃位者与：臧文仲，鲁国大夫臧孙辰。窃位，知贤而不举。②知柳下惠之贤而不与立也：柳下惠是鲁国的贤人，臧文仲知道柳下惠是贤人，而不举荐他，所以孔子说臧文仲是窃位者。

译文

孔子说："臧文仲大概是一个窃取名位的人吧？他明明知道柳下惠是个贤能的人，却不举荐他任职。"

十五　子曰:"躬自厚①而薄责于人②，则远怨矣。"

注释

①躬自厚：对自己从重责备。②薄责于人：对别人从轻责备。

译文

孔子说:"多责备自己,少责备别人,就能远离怨恨了。"

十六　子曰:"不曰'如之何,如之何'者①,吾末如之何也已矣。"

注释

①不曰'如之何,如之何'者:如之何,这件事情该怎么办。

译文

孔子说:"对于一个遇事从来不说'怎么办,怎么办'的人,我也不知道拿他怎么办才好。"

十七　子曰:"群居终日,言不及义①,好行小慧②,难矣哉!"

注释

①言不及义:不说有益的话。②小慧:小惠。"惠"是"慧"的假借字,经书典籍多通用。

译文

孔子说:"整天聚在一起,言谈从未论及正理,喜欢耍小聪明,这种人实在难以有所成就啊!"

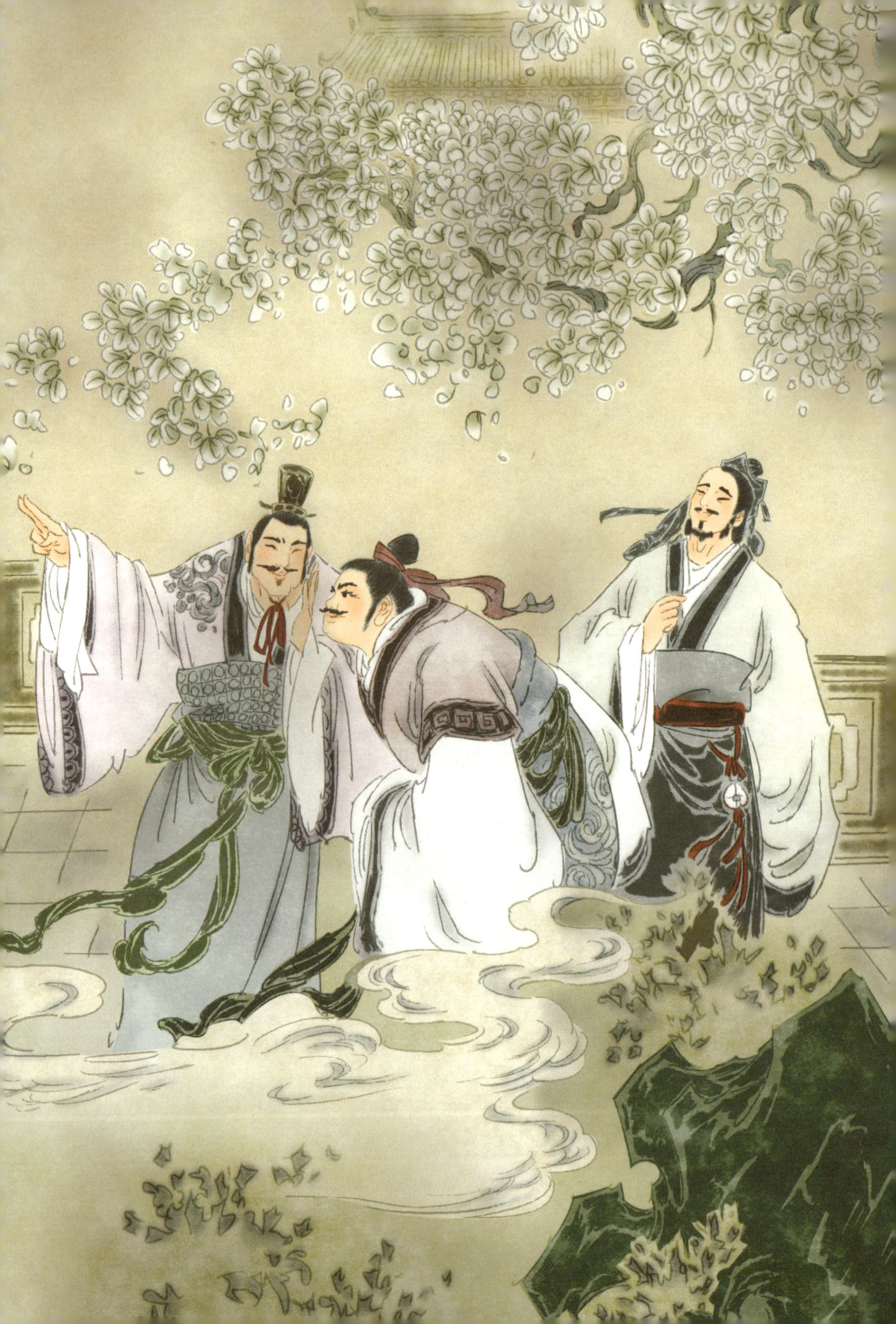

十八　子曰："君子义以为质，礼以行之，孙①以出之，信以成之。君子哉！"

注释

①孙：通"逊"，出言谦逊。

译文

孔子说："君子把义作为根本，依礼加以推行，以谦逊的话语来述说，以诚信的态度来完成。这就是真正的君子啊！"

十九　子曰："君子病无能焉，不病人之不己知也①。"

注释

①君子病无能焉，不病人之不己知也：君子只担心自己无能，不担心他人不知道自己。能，办事的能力，君子办事，为公而不为私。

译文

孔子说："君子只担心自己没有才能，不担心别人不了解自己。"

二十　子曰："君子疾①没世②而名不称焉。"

注释

①疾："疾"字与"病"字义同，忧虑之意。②没世：离开人世。

译 文

孔子说:"君子所担忧的是离开人世尚没有好名声传世。"

二十一　子曰:"君子求诸己,小人求诸人①。"

注 释

①君子求诸己,小人求诸人:求诸己,凡事责备自己,小人与此相反。"求"字作"责"字讲。

译 文

孔子说:"君子责求自己,小人责求他人。"

二十二　子曰:"君子矜而不争,群而不党①。"

注 释

①君子矜而不争,群而不党:君子庄敬而不与人争,合群而不结党。不争,不与人争胜。《尚书·洪范》:"无偏无党"。有党便有偏私,所以君子不党。后世很多党祸,足以鉴戒。

译 文

孔子说:"君子庄重矜持而不争执,与人和睦相处而不结党营私。"

二十三　子曰:"君子不以言举人,不以人废言①。"

注 释

①君子不以言举人,不以人废言:不以言举人,《宪问》篇,孔子曾说:"有言

者不必有德。"君子不会因为一个人说话好就荐举他。不以人废言,就算是没有品德的人,有时也会说出有道理的话,只要言语可取,就不要因人而废。

译文

孔子说:"君子不因为喜欢其言谈就举用他,不因为不喜欢其人就排斥其言论。"

二十四　子贡问曰:"有一言①而可以终身行之者乎?"子曰:"其恕②乎!己所不欲,勿施于人。"

注释

①一言:在这里作"一字"讲。②恕:所谓恕,就是己所不欲的事情,不要加在别人身上。

译文

子贡问孔子:"有没有一句话是可以终身奉行的呢?"孔子说:"大概是恕吧!自己所不想要的事物,不要施加于他人。"

二十五　子曰："吾之于人也，谁毁谁誉①？如有所誉者，其有所试矣②。斯民也，三代之所以直道而行也。"

注释

①吾之于人也，谁毁谁誉：孔子说，我对于人，不毁谤谁，也不称誉谁。②如有所誉者，其有所试矣：如对某人有赞美，必是验知其人有值得赞美的事实，这才称赞他。

译文

孔子说："我对于别人，诋毁过谁？赞美过谁？如果有所赞美，必定是曾经考验过他。今天的人，和夏、商、周三代以直道行事的人们没有不同（因此也可以用直道教化他们向善）。"

二十六　子曰："吾犹及①史之阙文②也。有马者借人乘之③。今亡矣夫！"

注释

①吾犹及：孔子说他自己尚且见过。②史之阙文：古时优良的史官，遇见书中有疑问的字，则愚而缺之，以待能知的人。史，掌理史书之官。阙，同"缺"。文，字。③有马者借人乘之：有马的人，自己不能调教驾驭使其驯良，则借给善于调教驾驭的人骑坐。

译文

孔子说："我还能看到史官因对文字存疑而在书上留有空缺。有马的人（自己不会调教）能将马借给别人骑坐。现在已经没有这种人了。"

二十七　子曰："巧言乱德。小不忍，则乱大谋①。"

注释

①巧言乱德。小不忍，则乱大谋：巧言，花言巧语，能把无理说得有理，而且动听，这种言语足以扰乱人的德行。小不忍，无论对人对事，如在小处不能忍耐，便会扰乱大计。

译文

孔子说："花言巧语扰乱德行。小处不能忍耐，就会败坏了大事。"

二十八　子曰："众恶之，必察焉；众好之，必察焉。"①

注释

①"子曰"句：大众厌恶某人，某人不一定可恶，必须考察某人确实可恶，然后厌恶他。大众爱好某人，某人不一定真好，必须考察某人确实是好，然后喜爱他。

译文

孔子说："大家都厌恶的人，必须考察一下；大家都喜欢的人，也必须考察一下。"

二十九　子曰："人能弘道，非道弘人①。"

注释

①人能弘道，非道弘人：《论语义疏》引蔡谟言"道者，寂然不动，行之由人。人可适道，故曰人能弘道。道不适人，故曰非道弘人也"。孔子说这话的意思是，

道虽人人都有，但必须自己领悟，方得受用，悟后又须弘扬光大，期使人皆得其受用。

译文

孔子说："人能够使道发扬光大，不是道使人的才能放大。"

三十　子曰："过而不改，是谓过矣①。"

注释

①过而不改，是谓过矣：一个人有过而不改，这就叫作过了。

译文

孔子说："有过错而不去改正，才叫作真正的过错。"

三十一　子曰："吾尝终日不食，终夜不寝，以思，无益，不如学也。"①

注释

①"子曰"句：《为政》篇，孔子说"学而不思则罔，思而不学则殆"。孔子主张学与思并重，此处"以思，无益"，是指只思不学，并无收益。

译文

孔子说："我曾经整天不吃饭，整夜不睡觉，只是在思考，后来发觉这样空想毫无收益，不如脚踏实地去学习好。"

三十二　子曰："君子谋道不谋食①。耕也，馁在其中矣；学也，禄在其中矣。君子忧道不忧贫。"

注释

①君子谋道不谋食：古时士农工商，各有其业。君子，指士人。君子应当专心求道，而非谋生。

译文

孔子说："君子只一心谋求道义，不谋求衣食。耕种田地，也难免常要饿肚子；一心向学，就可能得到俸禄。所以君子只担心道义不能行，不担心贫穷。"

三十三　子曰："知及之①，仁不能守之②，虽得之，必失之。知及之，仁能守之，不庄以莅之③，则民不敬。知及之，仁能守之，庄以莅之，动之不以礼，未善也。"

注释

①知及之：依靠智力能得天下，或得国家。②仁不能守之：不能以仁守之。③不庄以莅之：不能以庄严的态度对待民众。

译文

孔子说："依靠聪明才智足以得到天下，但仁德不能守住它，即使得到了，也一定会丧失。依靠聪明才智足以得到天下，仁德也可以守住它，但如果不用庄重的态度来治理百姓，那么百姓就会不敬。依靠聪明才智足以得到天下，仁德可以守住它，也能用庄重的态度来治理百姓，但如果不能用礼仪引导百姓，也仍然没有达到尽善尽美的境地。"

三十四　子曰："君子不可小知而可大受也。小人不可大受而可小知也。"①

注释

①"子曰"句：君子之道深远，不可以小事了知其能力，然而他可以接受重大任务。小人之道浅近，可以小事知其能力，然而他不能担当大任。

译文

孔子说："君子不能从小事上来察知却能担当重任，小人不能担当重任却能从小事上来察知。"

三十五　子曰："民之于仁也，甚于水火。水火，吾见蹈而死者矣，未见蹈仁而死者也。"①

注释

①"子曰"句：《中庸》："仁者人也。"《孟子·尽心》篇："民非水火不生活。"无水火固然不能生活，无仁则不得称为人，所以仁最为人所需。

译文

孔子说："百姓们对于仁德（的需要），比对于水火（的需要）更迫切。我只见过有人跳到水火中而死的，却没有见过因实行仁德而死的。"

三十六　子曰："当仁，不让于师①。"

注释

①当仁，不让于师：依《论语集解》孔安国注，遇有行仁之事时，不复让于师，这是行仁紧急之故。

译文

孔子说:"面对仁德的事,即使是在老师面前也不必谦让。"

三十七　子曰:"君子贞而不谅①。"

注释

①君子贞而不谅:君子守其正道,而不必守小节小信。贞,正道。

译文

孔子说:"君子坚守正道而不拘泥于小节。"

三十八　子曰:"事君,敬其事而后其食①。"

注释

①事君,敬其事而后其食:事君,应当尽力办事,不以食禄为先。

译文

孔子说:"侍奉君主,应该认真办事,把领取俸禄之事放在后面。"

三十九　子曰:"有教无类①。"

注释

①有教无类:"类"字,作"种类"讲,如智愚、善恶、富贵、贫贱等类别。有教诲,无种类。只有单纯的施教,不论求教者是哪一种人。

译文

孔子说:"凡是人都应该受教育,不应该分类别。"

四十　子曰:"道不同,不相为谋①。"

注释

①道不同,不相为谋:道不同,意见不合,不能共同办事,否则如圆凿方枘,其事不成。谋,谋事。

译文

孔子说:"主张不同,就无法在一起共同谋划、共事。"

四十一　子曰:"辞达而已矣①。"

注释

①辞达而已矣:辞,文辞。文辞只要适切地表达意思即可。

译文

孔子说:"言辞能表达意思就够了。"

四十二　师冕见①,及阶,子曰:"阶也。"及席,子曰:"席也。"皆坐,子告之曰:"某在斯,某在斯。"师冕出。子张问曰:"与师言之道与?"子曰:"然,固相师之道也②。"

注释

①师冕见:师冕,鲁之乐师,盲人,名冕。②固相师之道也:相,帮助。

译文

乐师冕来见孔子,走到台阶边,孔子说:"这儿是台阶。"走到坐席旁,孔子说:"这是坐席。"等大家都坐下来,孔子告诉他:"某某在这里,某某在这里。"师冕辞了出来。子张问孔子:"这就是与盲人说话的方式吗?"孔子说:"是的,这本就是接待盲人的方式。"

季氏篇第十六

一　季氏将伐颛臾①。冉有、季路见于孔子曰："季氏将有事于颛臾。"孔子曰："求！无乃尔是过与②？夫颛臾，昔者先王以为东蒙主，且在邦域之中矣，是社稷之臣也。何以伐为？③"冉有曰："夫子④欲之，吾二臣者皆不欲也。"孔子曰："求！周任有言曰：'陈力就列，不能者止。'危而不持，颠而不扶，则将焉用彼相矣？且尔言过矣。虎兕出于柙，龟玉毁于椟中，是谁之过与？"冉有曰："今夫颛臾，固而近于费。今不取，后世必为子孙忧。"孔子曰："求！君子疾夫舍曰欲之而必为之辞。丘也闻有国有家者，不患寡而患不均，不患贫而患不安⑤。盖均无贫，和无寡，安无倾。夫如是，故远人不服，则修文德以来之。既来之，则安之。今由与求也，相夫子，远人不服，而不能来也；邦分崩离析，而不能守也；而谋动干戈于邦内。吾恐季孙之忧，不在颛臾，而在萧墙⑥之内也。"

注释

①季氏将伐颛（zhuān）臾：季氏，鲁国的季康子。颛臾，伏羲的后裔，风姓之国，本为鲁国的附庸，当时臣于鲁。季氏贪其地，欲讨伐之。冉有、季路，作季氏家臣，来见孔子，报告此事。②无乃尔是过与：恐怕是你的过失吧。无乃，表疑问。③夫颛臾……何以伐为？：此为孔子说出不能伐颛臾的理由。颛臾是先王所立，以主蒙山之祭，为祭祀之主；且颛臾是鲁国的附属国，因而不该讨伐。东蒙，即蒙山，山在鲁东，故云东蒙。④夫子：季康子。⑤不患寡而患不均，不患贫而患不安：盖贫由于不均，故下文言"均无贫"。⑥萧墙：鲁君所用的屏风。方观旭在《论语偶记》中提到，斯时哀公欲去三桓，季孙畏颛臾世为鲁臣，与鲁特角以逼己，惟有谋伐颛臾，始能阻止鲁哀公之企图。孔子指季氏忧在萧墙之内，意谓季氏非忧颛臾而伐颛臾，实忧鲁君而伐颛臾。此夫子诛奸人之心，而抑其邪逆之谋。

译文

季氏将要讨伐颛臾。冉有、子路去见孔子说:"季氏将要对颛臾有所行动了。"孔子说:"冉求!这不就是你的过错吗?颛臾,过去先王任命其主持东蒙山的祭祀,而且其在鲁国的疆域之内,是国家的臣属啊,为什么还要讨伐它呢?"冉有说:"季孙大夫想打,我们两个人都不愿意。"孔子说:"冉求!周任有句话说:'尽力做好你的本分工作,实在做不好就辞职。'有了危险不去扶助,跌倒了不去挽扶,何必还用你来辅佐?而且你的说法错了。老虎、犀牛从笼子里跑了出来,龟甲、玉器在匣子里毁坏了,这是谁的过错呢?"冉有说:"颛臾,城墙坚固,又靠近季氏的封邑费地。现在不把它夺取过来,将来一定会给子孙留下忧患。"孔子说:"冉求!君子痛恨隐瞒欲望而又一定要找出理由来为之辩解的做法。我听说,拥有封国、家族的人,不担忧贫穷而担忧财富不均,不担忧人口少而担忧不安定。因为财富均等也就没有了贫穷,百姓和谐也就不会感到人少,

生活安定也就没有倾覆的危险了。如果做到这样，远方的人还不归服，就修德以使其归服。已经来了的，就让他们安居乐业。现在，仲由和冉求你们两个人辅助季氏，远方的人不归服，而不能修德以召来他们；国家分崩离析，却不能守护；反而图谋在国内兴师动众。我恐怕季孙的忧患不在颛臾，而是在宫廷的内部呢。"

二　孔子曰："天下有道，则礼乐征伐自天子出；天下无道，则礼乐征伐自诸侯出。自诸侯出，盖十世希不失矣；自大夫出，五世希不失矣；陪臣执国命，三世希不失矣。天下有道，则政不在大夫。天下有道，则庶人不议。"①

注释

①"孔子曰"句：《礼记·中庸》篇说："非天子不议礼，不制度。虽有其德，苟无其位，不敢作礼乐焉。"《孟子·尽心》篇说："征者，上伐下也，敌国不相征也。"天下有道，政权不会由诸侯、大夫掌握。天下有道，民众对政治无话可说，所以庶人不议。

译文

孔子说："天下政治清明时，制作礼乐和出兵打仗都由天子做主决定；天下政治黑暗时，制作礼乐和出兵打仗由诸侯做主决定。由诸侯决定政令，大概经过十代，很少有不垮台的；由大夫决定政令，经过五代，很少有不垮台的；由大夫的家臣决定政令，经过三代，很少有不垮台的。天下政治清明，国家政权就不会落在大夫手中。天下政治清明，老百姓也就不会议论国家政治了。"

三　孔子曰："禄之去公室五世矣①，政逮于大夫四世矣②，故夫三桓之子孙微矣③。"

注释

①禄之去公室五世矣：鲁君不能做主，已经五代了。禄，爵禄，爵是爵位，禄是俸禄。爵禄赏罚，决于君主，故代表君主之权。②政逮于大夫四世矣：鲁国的三家大夫掌握政权，已经四代了。③故夫三桓之子孙微矣：三桓子孙把持国政已过四代了，所以也衰微了。三桓是鲁国的孟孙、叔孙、季孙三卿，他们都出于鲁桓公，所以被称为"三桓之子孙"。

译文

孔子说："爵禄脱离公室已经五代了，政权旁落大夫之手已经四代了，所以（把持鲁国国政的孟孙、叔孙、季孙）三家的子孙也衰微了。"

四　孔子曰："益者三友，损者三友。友直，友谅，友多闻，益矣。友便辟，友善柔，友便佞①，损矣。"

注释

①友便辟，友善柔，友便佞：古注将"便辟"解释为《公冶长》篇的"足恭"，将"善柔"解释为"令色"，将"便佞"解释为"巧言"。

译文

孔子说："有益的朋友有三种，有害的朋友也有三种。朋友正直，朋友诚实守信，朋友见识广博，是有益的。朋友奉承，朋友谄媚，朋友圆滑强辩，是有害的。"

五　孔子曰："益者三乐①，损者三乐②。乐节礼乐③，乐道人之善，乐多贤友，益矣。乐骄乐④，乐佚游⑤，乐宴乐⑥，损矣。"

论语　季氏篇第十六

225

注释

①益者三乐:有益的乐事有三种。②损者三乐:有损的乐事有三种。③乐节礼乐:乐于以礼乐节制行为。礼讲秩序,乐讲和谐。④乐骄乐:骄乐,以骄为乐。无论以富贵骄人还是以学问骄人,都对自己有损害,一个人不知骄傲有损害,反以为乐,而且以能得到骄乐为乐,则其所得的损害可想而知。⑤乐佚游:以佚游为乐。佚游,出入无节度。出入没有节度,则生活无规律,工作无秩序,一切陷于混乱。⑥乐宴乐:以宴乐为乐。朋友酒食聚会,不可久留,如果以此为乐,则损害身心。

译文

对人有益的乐趣有三种,对人有害的乐趣也有三种。乐于以礼乐来节制行为,乐于称道他人的长处,乐于多结交贤能的朋友,是有益的。乐于骄奢淫逸,乐于游荡无度,乐于宴请饮酒,是有害的。

六　孔子曰:"侍于君子有三愆①:言未及之而言谓之躁②,言及之而不言谓之隐③,未见颜色而言谓之瞽④。"

注释

①侍于君子有三愆(qiān):随侍君子,容易犯三种过失。愆作"过失"讲。②言未及之而言谓之躁:话未到当说时而说,谓之躁。③言及之而不言谓之隐:话当说而不说,谓之隐。④未见颜色而言谓之瞽(gǔ):没有观察君子的脸色就说话,谓之瞽。脸色表示意向,不看君子脸色而言,属于不会察言观色,所以也是过失。

译文

孔子说:"侍奉君子要注意避免犯三种过失:还没有问到他的时候就说话,这叫急躁;已经问到他的时候却不说,这叫隐默;不看君子的神态而贸然说话,这叫盲目而不会察言观色。"

七　孔子曰："君子有三戒：少之时，血气未定，戒之在色①；及其壮也，血气方刚，戒之在斗；及其老也，血气既衰，戒之在得②。"

注释

①血气未定，戒之在色：血属阴，气属阳，人的身体必须阴血阳气流行，始能维持生存。少年身体内的血气尚未充实，要戒的是色情之欲。②血气既衰，戒之在得：老年血气已衰，体力不济，如贪求事业与功绩，希望有所得，不但身体不能适应，而且事情也办不好，所以要戒。得，贪求。

译文

孔子说："君子应当有三戒：少年时，血气未定，发育尚未完全，应当戒的是好色；壮年时，血气正旺，应当戒的是好勇斗狠；等到老了，血气衰颓，应当戒的是贪求无厌。"

八　孔子曰："君子有三畏①：畏天命②，畏大人③，畏圣人之言④。小人不知天命而不畏也，狎大人⑤，侮圣人之言。"

注释

①畏：恐惧而不敢违背。②天命：古注当善恶报应讲。天命顺之则吉，逆之则凶，所以可畏。③大人：在位的人。诸侯治国，天子治天下，各有权力维护朝野安定，不能干犯，所以可畏。或谓大人是有德有位之人，故须畏之。④圣人之言：圣人的话含有深远不变的道理，记在经典里，流传后世，违之则有灾祸。所以君子畏之，而不敢违背。⑤狎大人：狎，轻视、怠慢。君子博学于文，约之以礼。所以有德有学，能知天命，亦能礼敬大人。小人相反，不知天命，亦不知礼，所以轻视大人。

译文

孔子说:"君子有三种敬畏:敬畏天命,敬畏德高望重的人,敬畏圣人的言语。小人因为不懂天命而不知道敬畏,轻慢德高望重的人,亵渎圣人的言语。"

九　孔子曰:"生而知之者,上也;学而知之者,次也;困而学之①,又其次也;困而不学,民斯为下矣。"

注释

①困而学之:遇到困难才知道要去学习。

译文

孔子说:"天生就知道,不学而会者,是最上等的;学习之后才知道的,是次等的;遇到困难才知道要学习的,又次一等了;如果遇到困难还不知道要学习,就是最下等的了。"

十　孔子曰:"君子有九思①:视思明,听思聪,色思温,貌思恭,言思忠,事思敬,疑思问,忿思难,见得思义。"

注释

①九思:九种需要用心思考的事。

译文

孔子说:"君子有九种要用心思考的事:看要看得明白,不可以有丝毫模糊;听要听得清楚,不能够含混不明;脸色要温和,不可以显得严厉难看;容貌姿态要恭敬有礼,不可以骄傲、轻视他人;言语要忠厚诚恳,没有虚假;做事要认真负责,不可以懈怠懒惰;有疑惑要想办法询问,不可以得过且过;生气的时候要想到后果,不可以意气用事;遇见可以取得的利益时,要想想是不是合乎道义。"

十一　孔子曰:"见善如不及①,见不善如探汤②。吾见其人矣,吾闻其语矣。隐居以求其志,行义以达其道。吾闻其语矣,未见其人也。"

注释

①见善如不及:见到善良的行为就要学习。②见不善如探汤:见到不善良的行为就像以手去探热汤,要赶紧避开。

译文

孔子说:"看到善良的行为就要学习,好像担心自己赶不上似的;看到不善良的行为赶快离开,就好像用手试探沸水一样赶快避开。我见到过这样的人,也听到过这样的话。以隐居来坚守志向,以行义来实现真理。我听到过这样的话,却没有见到过这样的人。"

十二　齐景公有马千驷,死之日,民无德而称焉①。伯夷叔齐饿于首阳之下,民到于今称之②。其斯之谓与?

注释

①齐景公有马千驷,死之日,民无德而称焉:齐景公有马四千匹,他既为大国之君,又有如此势力,然而死的时候,人民想不出他有什么善行可以称颂。②伯夷叔齐饿于首阳之下,民到于今称之:古时伯夷、叔齐兄弟饿于首阳山下,到孔子时代,人民还称赞他们。

译文

齐景公有马四千匹,他死的时候,人民却觉得他没有任何德行可以称颂。伯夷、叔齐饿死在首阳山下，人民到现在还在称颂他们。说的就是这个意思吧？

十三　陈亢[1]问于伯鱼[2]曰："子亦有异闻乎[3]？"对曰："未也。尝独立，鲤趋[4]而过庭。曰：'学《诗》乎？'对曰：'未也。''不学《诗》，无以言。'鲤退而学《诗》。他日，又独立，鲤趋而过庭。曰：'学礼乎？'对曰：'未也。''不学礼，无以立。'鲤退而学礼。闻斯二者。"陈亢退而喜曰："问一得三，闻诗，闻礼，又闻君子之远其子也。"

注释

[1]陈亢：字子禽，孔子弟子。[2]伯鱼：名鲤，孔子之子。[3]子亦有异闻乎：陈亢以为，伯鱼是孔子的儿子，孔子会有特别的道理告诉伯鱼。[4]趋：快走。见长辈，不可慢行。

译文

陈亢问伯鱼："你听到过老师特别的教诲吗？"伯鱼回答："没有。父亲曾独自站在堂上，我快步从庭里走过。他说：'学《诗经》了吗？'我回答：'没有。'他说：'不学《诗经》，就不能言谈应对。'我回去就学《诗经》。又有一天，父亲又独自站在堂上，我快步从庭里走过。他说：'学礼了吗？'我回答：'没有。'他说：'不学礼就无法处身立世。'我回去就学礼。我就听到过这两件事。"陈亢回去高兴地说："我提一个问题，却得到三大收获，听到了关于《诗经》的道理，听到了关于礼的道理，又听到了君子不偏爱自己儿子的道理。"

十四　邦君之妻[1]，君称之曰夫人，夫人自称曰小童；邦人称之曰君夫人，称诸异邦曰寡小君[2]；异邦人称之亦曰君夫人[3]。

注释

①邦君之妻：国君之妻。②称诸异邦曰寡小君：本国臣民向他国人称国君之妻为寡小君。③异邦人称之亦曰君夫人：他国人也是称她为君夫人。

译文

国君的妻子，国君称她为夫人，夫人自称为小童；国人称她为君夫人，对他国人则称她为寡小君；他国人也称她为君夫人。

阳货篇第十七

一　阳货欲见孔子,孔子不见①,归孔子豚。孔子时其亡也,而往拜之。遇诸涂②。谓孔子曰:"来!予与尔言③。"曰:"怀其宝而迷其邦,可谓仁乎④?"曰:"不可。好从事而亟失时,可谓知乎?"曰:"不可⑤。日月逝矣,岁不我与。"孔子曰:"诺,吾将仕矣。"

注释

①阳货欲见孔子,孔子不见:阳货,季氏的家臣阳虎,他以季氏家臣权力而专鲁国之政。据说他派人召见孔子,想让孔子替他办事,而孔子恶他跋扈,不与他相

见。②归孔子豚……遇诸涂：《孟子·滕文公》篇也记载过此事。阳货看孔子不在家，赠孔子一只蒸熟的小猪。孔子回家一看，不能不受，不能不回拜，因此，孔子也等候阳货不在家时，往阳货家回拜，不料在路上遇见阳货。归，作"馈"字。时，作"瞰"字，视。亡，即无，不在家。遇诸涂的"诸"，是"之于"二字快读而成。涂，路途。③来！予与尔言：来！我有话要跟你说。这句话便可以看出阳货的傲慢态度。④怀其宝而迷其邦，可谓仁乎：你怀藏宝贵的学问，不肯拿出来，而任国家迷乱下去，这可以说是仁吗？⑤不可：此话含义是说孔子不肯认识阳货，如肯认识阳货，便不失时。这两番问答，皆是阳货自问自答，并非阳货问孔子答。至"孔子曰"以下，才是孔子语。

译文

阳货想见孔子，孔子不见他，于是他就给孔子送了只蒸熟的小猪。孔子趁阳货不在家时去拜谢他。两人却在半路上相遇了。阳货对孔子说："来！我有话要跟你说。"阳货说："怀藏自己的本领而听任国家迷乱，这可以称为仁吗？"阳货自己回答自己说："不可以。喜好从事政务却多次丧失时机，这可以说是智吗？"阳货自己回答自己说："不可以。时光流逝，岁月不等人啊。"孔子说："好吧，我准备去做官了。"

二　子曰："性相近也，习相远也①。"

注释

①习相远也：习，习染、习惯。

译文

孔子说："人的天性是相近的，由于不同的后天环境影响，习气相差就远了。"

三　子曰："唯上知与下愚不移①。"

注释

①不移：不转变。

译文

孔子说："只有上等的智者与下等的愚者是不可改变的。"

四　子之武城①，闻弦歌之声②。夫子莞尔而笑，曰："割鸡焉用牛刀③？"子游对曰："昔者偃④也闻诸夫子曰：'君子学道则爱人，小人学道则易使也。'"子曰："二三子！偃之言是也。前言戏之耳。"

注释

①子之武城：武城，在今山东省，当时是鲁国一个小邑，子游此时作武城宰。之，作"适"字讲，到。②弦歌之声：弹琴唱歌的声音。③割鸡焉用牛刀：治小何须用大道。④偃：即子游。

译文

孔子到武城，听见弹琴唱歌的声音。孔子微微一笑，说："杀鸡何必要用宰牛的刀呢？"子游回答："以前我听老师说过：'君子学习了礼乐就懂得爱护别人，小人学习了礼乐就容易使唤。'"孔子说："学生们！偃讲得对。我刚才说的话只是开个玩笑而已。"

五　公山弗扰以费畔①，召，子欲往。子路不说，曰："末之也已，何必公山氏之之也？"子曰："夫召我者，而岂徒哉？如有用我者，吾其为东周乎？"

注释

①公山弗扰以费畔：费，鲁国季氏的采邑。公山弗扰，《论语义疏》作公山不扰。有人认为弗扰就是《左传》里的公山不狃，字子泄，为季氏费邑宰，他与阳货共执季桓子，据费邑以畔。畔，同"叛"字。

译文

公山弗扰据费邑反叛，来召请孔子，孔子准备前去。子路不高兴，说："没有地方去就算了，为何非去公山弗扰那里呢？"孔子说："来召请我的人难道没有打算吗？如果有人举用我，我就要在东方复兴周代的典制。"

六　子张问仁于孔子。孔子曰："能行五者于天下为仁矣。""请问之。"曰："恭，宽，信，敏，惠。恭则不侮①，宽则得众②，信则人任焉③，敏则有功④，惠则足以使人。"

注释

①恭则不侮：恭敬，则不被人侮慢。②宽则得众：宽厚待人，则人悦服，故能得众。③信则人任焉：言而有信，则能得人信任。④敏则有功：做事敏捷，则能成功。

译文

子张向孔子询问仁。孔子说："能在天下施行五项德行就是仁人了。"子张说："请问是哪五项？"孔子说："恭敬，宽厚，信实，勤敏，惠爱。恭敬就不致遭受侮辱，宽厚就会得到众人的拥护，信实就能得到别人的任用，勤敏就会取得成绩，惠爱就足以役使他人。"

七　佛肸召，子欲往①。子路曰："昔者由也闻诸夫子曰：'亲于其身为不善者，君子不入也。'佛肸以中牟畔，子之往也，如之何？"子曰："然，有是言也。不曰坚乎，磨而不磷；不曰白乎，涅而不缁②。吾岂匏瓜也哉？焉能系而不食③？"

注　释

①佛肸（bì xī）召，子欲往：据《史记·晋世家》记载，晋国自昭公以后，六卿日渐强大。六卿就是韩、赵、魏、范、中行以及智氏。最后三家分晋，而为韩、赵、魏三国。当时六卿时挟晋君攻伐异己，各自扩张私家权利，而无公是公非。佛肸，晋大夫赵简子的邑宰。②不曰坚乎，磨而不磷；不曰白乎，涅而不缁：磷，薄。涅，染黑。至坚者磨之而不薄，至白者染之而不黑。比喻君子虽在浊乱，浊乱不能污。③吾岂匏瓜也哉？焉能系而不食：匏瓜老熟时，其皮坚硬，去其腐瓢，可作瓢壶等用具，所以生长时，系在藤上，而不被人摘食。孔子的意思是说，他不能像匏瓜那样悬系在天空，而不可食。

译　文

佛肸召孔子，孔子打算去。子路说："从前我听老师说过：'亲自做坏事的人那里，君子是不去的。'现在佛肸据中牟反叛，您却要去，这是为什么呢？"孔子说："是的，我这样说过。不是说坚硬的东西磨也磨不坏吗？不是说洁白的东西染也染不黑吗？我难道是匏瓜吗？怎么能只挂在那里而不给人吃呢？"

八　子曰："由也！女闻六言六蔽①矣乎？"对曰："未也。""居！吾语女②。好仁不好学，其蔽也愚③；好知不好学，其蔽也荡④；好信不好学，其蔽也贼⑤；好直不好学，其蔽也绞⑥；好勇不好学，其蔽也乱；好刚不好学，其蔽也狂。"

注释

①六言六蔽：六言，仁、智、信、直、勇、刚六事。蔽，弊病。②居！吾语女：孔子对子路说"坐下！我告诉你"。"居"当"坐"字讲。③好仁不好学，其蔽也愚：只好行仁，不能裁度使其适中而行，其行是否恰当，不得而知，便是愚昧之举。好，喜好。愚，愚昧。④好知不好学，其蔽也荡：智的人如不好学，只知展现自己的才能，不顾道德的规范，便会放荡而无操守。知，智。荡，放荡。⑤好信不好学，其蔽也贼：贼，作"害"字讲。若爱好诚信但不学，则信得不合宜，以致害其身。⑥好直不好学，其蔽也绞：直，直率。

译文

孔子说:"仲由呀!你听说过六种德行各自的弊病吗?"子路回答:"没有。"孔子说:"坐下!我告诉你。爱好仁德但不爱好学习,它的弊病是愚昧;爱好智慧但不爱好学习,它的弊病是行为浮荡;爱好诚信但不爱好学习,它的弊病是受伤害;爱好直率但不爱好学习,它的弊病是好刺人之非;爱好勇敢但不爱好学习,它的弊病是作乱;爱好刚强但不爱好学习,它的弊病是狂妄。"

九 子曰:"小子[1]何莫[2]学夫《诗》[3]?《诗》可以兴[4],可以观[5],可以群[6],可以怨[7]。迩之事父,远之事君[8];多识于鸟兽草木之名。"

注释

[1]小子:孔子对弟子的称呼。[2]何莫:当"何不"讲。[3]《诗》:《诗经》。[4]《诗》可以兴:《周礼·春官宗伯》云,太师教六诗,名为"风、赋、比、兴、雅、颂。"兴,一说认为,兴是取善事以喻劝之。一说认为,兴是托事于物。兴者起也,由物出发,生发情感,也就是先说其他事物,然后引起自己所咏之辞。[5]可以观:学《诗经》可以观察社会风俗盛衰,即可了解政治得失。[6]可以群:可以合群相处。[7]可以怨:可以抒发怨恨。[8]迩之事父,远之事君:事父应当尽孝,事君应当尽忠,无论尽孝尽忠,都须谏止其过。谏父不容易,谏君更难,学《诗经》,可以兴、观、群、怨,便懂得事父与事君之道。

译文

孔子说:"弟子们为何不学习《诗经》呢?《诗经》能够即景生情,能够观察民俗,能够合群相处,能够抒发怨恨。近可以用来侍奉父母,远可以侍奉君主;还可以多知道一些鸟兽草木的名称。"

十 子谓伯鱼曰:"女为《周南》《召南》[1]矣乎?人而不为《周南》《召南》,其犹正墙面而立也与[2]?"

注释

①《周南》《召南》：《诗经·国风》中的作品，其中《周南》的诗，计有《关雎》等十一篇；《召南》的诗，计有《鹊巢》等十四篇。周是周公，召是召公，南是周、召二公所分得的采邑，二公将文王的教化自北方施行到南方，在这南方二地采得的诗，分别名为《周南》《召南》。②人而不为《周南》《召南》，其犹正墙面而立也与：《周南》《召南》讲夫妇之道的诗篇最多，是"正风"，实为人伦教化之本，普通人不学，不能齐家，为人君者不学，不能治国平天下，所以孔子才如此重视，因此告诉伯鱼，《周南》《召南》不能不学。

译文

孔子对伯鱼说："你研读过《周南》《召南》了吗？一个人如果不学习《周南》《召南》，就好比面对墙壁而站在那里吧？"

十一　子曰："礼云礼云，玉帛云乎哉？乐云乐云，钟鼓云乎哉？"①

注释

①"子曰"句：孔子用反问语气说明，礼不仅指玉帛，乐不仅指钟鼓。玉帛是礼物，钟鼓是乐器，赠礼物，鸣钟鼓，不是礼乐之本。礼乐的本义在于敬与和。

译文

孔子说："礼呀礼呀，难道只是说玉帛之类的礼器吗？乐呀乐呀，难道只是说钟鼓之类的乐器吗？"

十二　子曰："色厉而内荏①，譬诸小人②，其犹穿窬之盗也与③？"

注释

①色厉而内荏：色厉，外貌严厉。内荏，内心柔弱。②譬诸小人：譬之于小人。孔子拿没有品行的小人来比喻这种人。③其犹穿窬（yú）之盗也与：他就好像那挖洞的小偷。窬，门边的小洞。小偷凿穿墙洞，入内行窃时，身往前进，心则怯退，此即做贼心虚之意。并非贤能而假装贤能者，就是这样的。

译文

孔子说："外表严厉而内心虚弱，用小人来作比喻，大概就像挖墙洞的小偷吧？"

十三　子曰："乡愿①，德之贼也。"

注释

①乡愿：指乡里表面忠诚谨慎，实际上与流俗合污的伪善者。

译文

孔子说："在一乡之中同流合污，又能做到完全不得罪人，这种假好人是道德的败类。"

十四　子曰："道听而途说①，德之弃也！"

注释

①道听而途说：道，大道。途，路途。孔子教学，重在学道，道须在听到后认真地学习，如果只是耳闻口说，便是无道可言。

译文

孔子说:"在道路上听到后就在路上传播,此为有德的人所不取!"

十五　子曰:"鄙夫可与事君也与哉①?其未得之也,患得之②。既得之,患失之。苟患失之,无所不至矣。"

注释

①鄙夫可与事君也与哉:此意是说,不可与鄙夫共同事君。鄙夫,鄙陋之人,行为卑鄙。②其未得之也,患得之:鄙夫想要名位利禄,尚未得时,恐得不到。

译文

孔子说:"难道可以与一个鄙陋之人一起侍奉君主吗?在没有得到官位时,他总担心得不到;得到官位后,又怕失去它。如果他担心失去官职,那他就什么事都干得出来。"

十六　子曰:"古者民有三疾,今也或是之亡也①。古之狂也肆,今之狂也荡②;古之矜也廉,今之矜也忿戾③;古之愚也直,今之愚也诈而已矣。"

注释

①古者民有三疾,今也或是之亡也:古人有三种毛病,今人或许连这也没有了。"或是之亡"的"是"字指三疾,亡通"无"字。此意不是说今人没有毛病,而是今人的毛病比古人更严重、更难治。②古之狂也肆,今之狂也荡:古时狂人肆意敢言,有些放纵而已。今时狂人放荡而无所据。肆,极意敢言。荡,无所据。③古之矜也廉,今之矜也忿戾:古时矜持是行为方正峭厉。今时矜持

是忿戾。

译文

孔子说:"古人有三种毛病,现在的人或许连这缺点也没有了。古代的狂者追求自由,而现在的狂者却是放荡不羁;古代人的矜持是方正峭厉,现在人的矜持却是凶恶蛮横;古代人的愚昧不过是直率一些,现在人的愚昧却是欺诈啊。"

十七　子曰:"巧言令色,鲜矣仁。"①

注释

①"子曰"句:此章与《学而》篇同。

译文

孔子说:"花言巧语,装出和颜悦色的样子,这种人很少有仁德。"

十八　子曰:"恶紫之夺朱也①,恶郑声之乱雅乐也②,恶利口之覆邦家者③。"

注释

①恶紫之夺朱也:以紫夺朱,即以邪夺正。朱色是五种正色中的赤色。以黑加赤而为紫,名为间色。紫色中有赤色的成分,所以能乱朱色,又能予人以美好之感,令人喜好,此即夺朱。②恶郑声之乱雅乐也:郑声淫哀,不得性情之正,与雅乐相违。当时有很多人喜好郑声,不知雅乐,即以淫乱雅。郑声,郑国的音乐,淫哀。雅乐,先王的雅正之乐,中正和平,能调和性情。③恶利口之覆邦家者:利口,口齿伶俐,无理能辩为有理,且能取悦于人。圣人恶紫、恶郑声、恶利口,即教人要严守规矩,防微杜渐。

译文

孔子说:"我厌恶紫色扰乱了朱色(古时的正色),厌恶荒淫的郑国音乐扰乱了雅乐,厌恶花言巧语、颠倒是非而使国家倾覆灭亡的人。"

十九　子曰:"予欲无言①。"子贡曰:"子如不言,则小子何述焉?"子曰:"天何言哉? 四时行焉,百物生焉,天何言哉?"

注释

①予欲无言:言能诠道,而不是道,道在默而识之。学道、传道都要离言而求。故说:"予欲无言。"

译文

孔子说:"我不想说了。"子贡说:"老师如果不说,做学生的要如何传述、如何遵循呢?"孔子说:"天何曾说些什么呢? 四季运行,万物生长,天又何曾说了些什么呢?"

二十　孺悲①欲见孔子,孔子辞以疾。将命者出户,取瑟而歌,使之闻之。

注释

①孺悲:鲁国人。《礼记·杂记》:"恤由之丧,哀公使孺悲之孔子学士丧礼,士丧礼于是乎书。"孺悲从孔子学礼,即孔子的弟子。

译文

孺悲想见孔子,孔子称病不见他。传话的人刚出门,(孔子)便取来瑟边弹边唱,(有意)让孺悲听到。

二十一　宰我问："三年之丧①，期已久矣。君子三年不为礼，礼必坏；三年不为乐，乐必崩②。旧谷既没，新谷既升，钻燧改火，期可已矣③。"子曰："食夫稻，衣夫锦，于女安乎④？"曰："安。""女安，则为之！夫君子之居丧，食旨不甘，闻乐不乐，居处不安，故不为也。今女安，则为之！"宰我出，子曰："予之不仁也！子生三年，然后免于父母之怀。夫三年之丧，天下之通丧也。予也有三年之爱于其父母乎！"

注释

①三年之丧：子女为父母服丧的年限，东周时代的人已不完全遵守。②君子三年不为礼，礼必坏；三年不为乐，乐必崩：这是古成语，宰我直接引用此语。君子应以礼乐修养身心，不可须臾离弃，但居丧期间，既不为乐，亦不为礼，丧期三年，不为礼乐太久，故致礼坏乐崩。③旧谷既没，新谷既升，钻燧改火，期（jī）可已矣：钻燧改火，古人用火，其取火之法不一，此是钻木取火。《周书·月令》有更火之文，"春取榆柳之火，夏取枣杏之火，季夏取桑柘之火，秋取柞楢之火，冬取槐檀之火。一年之中，钻火各异木，故曰改火也"。"期可已矣"的"期"作周年解。④食夫稻，衣（yì）夫锦，于女安乎：食夫稻，古时以稻为贵，稻米饭不是平常食物，居三年之丧者，必不能食。衣夫锦，衣，穿。锦，锦衣，由丝织品所制而有文采者。居丧者只能穿无采饰的麻衣，不能穿锦衣。为人子者，自出生至三年后，始离父母的怀抱，所以圣人制丧礼定为三年，这是天下通行的礼制，无论何人都是如此。

译文

宰我问："守丧三年，时间未免太长了。君子三年不讲究礼仪，礼仪必然败坏；三年不研习乐，乐必会败坏。旧谷吃完，新谷成熟，钻燧取火的木头改用新木，守丧一年就可以了。"孔子说："（才一年的时间，）你就吃起了大米饭，穿起了锦缎衣，你心安吗？"宰我说："我心安。"孔子说："你心安，你就那样去做吧！君子守丧，吃美味不觉得香甜，听音乐不觉得快乐，住在家里不觉得舒服，所以不那样做。如今你既觉得心安，你就那样去做吧！"宰我出去后，孔子说："宰予真是不仁啊！小孩生下来，到三岁时才能离开父母的怀抱。守丧三年，这是天下通行的丧礼。难道宰予对他的父母连三年的爱都没有吗？"

二十二 子曰："饱食终日，无所用心，难矣哉①！不有博弈者乎？为之，犹贤乎已②。"

注 释

①饱食终日，无所用心，难矣哉：一个人饱食终日，不用心思，孔子说此人"难矣哉"，真是难以教诲啊。②不有博弈者乎？为之，犹贤乎已：博，亦作"簙"，

《说文解字》解为:"局戏也,六箸十二棋也。"弈,围棋。虽然是博弈,也都要用心思。

译文

孔子说:"一天到晚吃饱了饭,什么心思也不用,真是难以教诲啊!不是还有六博和围棋的游戏吗?玩玩这些,也比闲着好。"

二十三　子路曰:"君子尚勇乎①?"子曰:"君子义以为上②,君子有勇而无义为乱,小人有勇而无义为盗。"

注释

①君子尚勇乎:尚,崇尚。勇,勇敢。②君子义以为上:孔子认为不能专讲尚勇,所以答:"君子义以为上。"君子指在位者,在位的君子以义为上。

译文

子路问:"君子崇尚勇敢吗?"孔子答道:"君子把义作为最高准则,君子有勇无义就会出乱子,小人有勇无义就会做盗贼。"

二十四　子贡曰:"君子亦有恶乎?"子曰:"有恶:恶称人之恶者①,恶居下流而讪上者②,恶勇而无礼者③,恶果敢而窒者④。"曰:"赐也亦有恶乎?""恶徼以为知者⑤,恶不孙以为勇者⑥,恶讦以为直者⑦。"

注释

①恶称人之恶者:做人之道,应该替人隐恶扬善。称人之恶者,就是宣扬他人之恶的人,此与隐恶扬善相反,所以君子恶之。②恶居下流而讪上者:居在下位,看见上级有过失,应该谏其改正,三谏不从,可以离去。如果不谏,只在背后毁谤,便失忠厚,所以君子恶之。讪,毁谤。居下讪上,下级毁谤上级。

③恶勇而无礼者：厌恶有勇而无礼的人。④恶果敢而窒者：果敢而不通事理，往往败事，而又损人，所以可恶。窒，窒塞。⑤恶徼以为知者：厌恶抄袭他人，以为己有的人。知，同"智"。徼作"抄"字讲。⑥恶不孙以为勇者：厌恶以不谦逊为勇的人。孙同"逊"。⑦恶讦以为直者：厌恶以揭发他人的隐私当作率直的人。

译文

子贡说："君子也有厌恶的人吗？"孔子说："有厌恶的人：厌恶传播别人坏处的人，厌恶身居下位而诽谤上级的人，厌恶有勇而不懂礼节的人，厌恶果敢而不通事理的人。"孔子又说："赐啊，你也有厌恶的人吗？"子贡说："我厌恶把剽窃他人成就当成聪明的人，厌恶把不谦虚当作勇敢的人，厌恶把攻讦他人当作直率的人。"

二十五　子曰："唯女子与小人为难养也，近之则不孙，远之则怨。"①

注释

①"子曰"句：不孙与怨，皆由于发乎情而不能止乎礼。女子与小人重于情，情重则礼疏，所以难养。

译文

孔子说："只有女子与小人是最难相处的，如果和他们亲近，他们就会无礼；如果和他们疏远，他们就会抱怨。"

二十六　子曰："年四十而见恶焉，其终也已①。"

注释

①年四十而见恶焉,其终也已:人到了四十岁仍然被人憎恶,则是即无德,又无成。学者应当及时进德修业。

译文

孔子说:"如果一个人到了四十岁还被人厌恶,他这一生也就完了。"

微子篇第十八

一　微子去之，箕子为之奴，比干谏而死①。孔子曰："殷有三仁焉。"

注释

①微子去之，箕子为之奴，比干谏而死：殷纣王暴虐无道，不听任何人的劝谏，微子因此离去，箕子佯狂为奴，比干直言劝谏，结果被纣剖心而死。

译文

微子离开了纣王，箕子假装发疯而被降为奴隶，比干因直言敢谏而被杀死。孔子说："殷朝有三位仁人啊。"

二　柳下惠为士师，三黜①。人曰："子未可以去乎？"曰："直道而事人，焉往而不三黜？枉道而事人，何必去父母之邦？"

注释

①柳下惠为士师，三黜：柳下惠就是展禽，他作为鲁国的典狱之官，无罪而三度被黜退。

译文

柳下惠担任士师，三次被罢黜。有人劝他说："你为什么不离开鲁国到他国去呢？"柳下惠回答："我以正直之道侍奉他人，到哪里不会被多次罢黜呢？我若违背正道去侍奉他人，又何必一定要离开自己的国家呢？"

三　齐景公待孔子曰："若季氏，则吾不能；以季、孟之间待之①。"曰："吾老矣，不能用也。"孔子行②。

注释

①若季氏，则吾不能；以季、孟之间待之：鲁国的三卿中，季孙氏为上卿，权位最高，相当于齐国的田氏。齐景公言若待孔子以上卿之位，如鲁季氏，则不能，以其有田氏专政之故。但又不可使其位卑若鲁之孟氏。所以欲待之以季、孟二者之间。②孔子行：当时齐景公为臣下所制，虽然认可孔子之道，而终不能用，故托辞圣道难成，自己年老，不能用了。孔子便离开了齐国，而回鲁国。孔子志在行道，不是谋求官位，道不能行，故即离去。

译文

齐景公商量对待孔子的规格时说："像鲁君重用季氏那样，我做不到；我只能用介于季氏、孟氏之间的待遇对待他。"后来又说："我老了，不能再用孔子了。"孔子于是离开了齐国。

四　齐人归女乐，季桓子受之，三日不朝，孔子行①。

注释

①齐人归女乐……孔子行：据《史记·孔子世家》记载，鲁定公十四年，孔子年五十六，任大司寇行摄相事，参与国政仅三月，商品不二价，路人不拾遗，鲁国大治。与鲁为邻的齐国，深恐鲁用孔子行霸，不利于齐，因此用计，以女乐迷惑鲁君，破坏孔子为政。齐国于是选了八十名美女，能歌善舞，以及带花纹的马三十驷，致赠鲁君，陈列在鲁国城南高门外。季桓子引鲁君往观，欣然接受。季桓子为女乐所迷，以致连续三日不理朝政。不久，鲁国郊祭，又不依礼将祭肉分送大夫。因此，孔子便辞官离开鲁国，前往卫国。

译文

齐国人赠送了很多歌女给鲁国,季桓子接受后,几天都不上朝处理政事,孔子于是离开了鲁国。

五　楚狂接舆歌而过孔子曰[①]:"凤兮凤兮!何德之衰?往者不可谏,来者犹可追。已而,已而!今之从政者殆而[②]!"孔子下,欲与之言。趋而辟之,不得与之言。

注释

①楚狂接舆歌而过孔子曰:接舆,人名,一位隐士。他想用歌来告诉孔子,天下无道,不如归隐,所以唱着歌经过孔子的寓所门前。②凤兮……今之从政者殆而:"凤兮"至"殆而"句是歌辞。凤是神瑞之鸟,唯在圣君时代出现。而今孔子游说诸侯,无圣君可遇,犹如凤鸟非时而出,所以说"何德之衰"。

译文

楚国的狂人接舆唱着歌走过孔子的车旁,他唱道:"凤凰啊,凤凰啊!你的德行怎么这么衰弱呢?过去的已经不能挽回,未来的还来得及改正。算了吧,算了吧!如今的执政者危险极了!"孔子下车,想同他谈谈,他却快步避开了,孔子无法和他交谈。

六　长沮、桀溺耦而耕[①],孔子过之,使子路问津焉。长沮曰:"夫执舆者为谁[②]?"子路曰:"为孔丘。"曰:"是鲁孔丘与?"曰:"是也。"曰:"是知津矣。"问于桀溺。桀溺曰:"子为谁?"曰:"为仲由。"曰:"是鲁孔丘之徒与?"对曰:"然。"曰:"滔滔者天下皆是也,而谁以易之?且而与其从辟人之士也,岂若从辟世之士哉?"耰而不辍[③]。子路行以告。夫子怃然曰:"鸟兽不可与同群,吾非斯人之徒与而谁与[④]?天下有道,丘不与易也。"

注释

①长沮、桀溺耦(ǒu)而耕:《史记·孔子世家》记载,孔子"去叶反于蔡"之际,也就是正要离开楚国的叶邑时,途中遇见长沮和桀溺,因而使子路问渡口的位置。②夫执舆者为谁:那个拿着缰绳驾车的人是谁。③问于桀溺……耰(yōu)而不辍:子,子路。辟,同"避",避人之士指孔子,其周游寻访,不得其人,又避往他处。避世之士,桀溺自称,即隐士。④吾非斯人之徒与而谁与:我当与此天下人同群,安能与鸟兽合群。

译文

长沮、桀溺二人一块儿耕种,孔子路过,让子路去询问渡口在哪里。长沮问子路:"那个拿着缰绳驾车子的人是谁?"子路回答:"是孔丘。"长沮说:"是鲁国的孔丘吗?"子路说:"是的。"长沮便说:"那他恐怕早已知道渡口的位置了。"子路再去问桀溺。桀溺问子路:"你是谁?"子路回答:"我是仲由。"桀溺又问:"你是鲁国孔丘的门徒吗?"子路说:"是的。"桀溺说:"滔滔洪水到处都是,谁能改变它呢?而且你与其跟随四处周游来躲避世人的人,何不跟随躲避世道的人呢?"说完,仍旧不停地做田里的农活。子路回来后把长沮、桀溺说的话告诉孔子。孔子很失望地说:"飞禽走兽是不能与之合群共处的,我不和世人相处,又和谁相处呢?若天下清平,我就不会去改变它了。"

七　子路从而后,遇丈人,以杖荷蓧①。子路问曰:"子见夫子乎?"丈人曰:"四体不勤,五谷不分,孰为夫子②?"植其杖而芸。子路拱而立。止子路宿,杀鸡为黍而食之,见其二子焉。明日,子路行以告。子曰:"隐者也。"使子路反见之。至,则行矣。子路曰:"不仕无义。长幼之节,不可废也;君臣之义,如之何其废之?欲洁其身,而乱大伦。君子之仕也,行其义也。道之不行,已知之矣。"③

注释

①遇丈人,以杖荷蓧(diào):丈人,老人。蓧,竹器。②四体不勤,五谷不分,孰为夫子:"四体不勤,五谷不分"为丈人说自己,非以责子路。③"子路曰"句:这是孔子使子路告诉丈人的一段话,丈人既不在家,子路便告诉丈人的儿子,请他转告丈人。"不仕无义",仕,就是替国家做事,仕则有君臣之伦。读书人隐居不仕,便是废弃君臣之义。"长幼之节,不可废也",长幼的礼节不可废弃,例如使二子出来与客相见,此即长幼之礼。孔子使子路告诉丈人的一段话,是总结此章的要义。这一段话基于五伦的道理,说明一个读书人不能止于洁身自好,而须以入仕造福人群为职志。

译文

子路跟随孔子出行,却远远落在了后面,遇到一个老人,用拐杖挑着锄草的工具。子路问道:"你看见我的老师了吗?"老人说:"四肢不劳动,五谷不认识,谁知道你的老师是什么人?"说完,便扶着拐杖去锄草。子路拱着手恭敬地站在一旁。老人见子路如此,便留子路到他家住宿,杀了鸡,做了小米饭给他吃,又叫两个儿子出来与子路见面。第二天,子路追上孔子,把这件事告诉了他。孔子说:"这一定是个隐士啊。"便让子路回去再看看他。子路到了那里,老人却已经走了。子路说:"不出来做官是不对的。既然长幼间的礼节不能废弃;君臣间的大义又怎么能废弃呢?一个人想要自身清白,却破坏了根本的君臣伦理。君子做官,是履行君臣之间的大义。至于我们的政治主张行不通,我们早就知道了。"

八　逸民：伯夷、叔齐、虞仲、夷逸、朱张、柳下惠、少连①。子曰："不降其志，不辱其身，伯夷、叔齐与②！"谓："柳下惠、少连，降志辱身矣，言中伦，行中虑，其斯而已矣③。"谓："虞仲、夷逸，隐居放言，身中清，废中权④。我则异于是，无可无不可⑤。"

注释

①逸民……少连：古今逸民有七人，下文孔子评论，只有伯夷等六人，而无朱张。②不降其志，不辱其身，伯夷、叔齐与：孔子评价伯夷、叔齐，说他们不放弃自己的志向，不辱没自己的身份。③降志辱身矣，言中伦，行中虑，其斯而已矣：孔子又论柳下惠、少连，说他们虽是降志辱身了，然而说话有分寸，合乎伦理，行为审慎，合乎思虑，如此而已。④隐居放言，身中清，废中权：孔子又论虞仲、夷逸，说他们"隐居放言"，不出来做官，说话亦不拘束。⑤我则异于是，无可无不可：孔子说自己不同于以上几位逸民。无可，不一定可。无不可，不一定不可。这意思就是孔子本人以道义为准，或出或处，并无执念。

译文

古今遁世隐居的人有：伯夷、叔齐、虞仲、夷逸、朱张、柳下惠、少连。孔子评价说："不放弃自己的志向，不辱没自己的身份，这是伯夷和叔齐吧！"又说："柳下惠、少连虽改变了自己的志向，屈辱了自己的身份，但他们言谈合乎伦理，行为经过思虑，不过如此罢了。"又说："虞仲、夷逸，过着隐居的生活，言谈随意，行为清廉，离开官位合乎权宜。我却同这些人不同，没有什么可以，也没有什么不可以。"

九　大师挚适齐①，亚饭干适楚，三饭缭适蔡，四饭缺适秦②，鼓方叔入于河③，播鼗武入于汉④，少师阳、击磬襄入于海⑤。

注释

①大师挚适齐：鲁哀公时，礼坏乐崩，乐人皆去。大师即太师，乐官之长。挚，

太师人名。挚离开鲁国，前往齐国。②亚饭干适楚，三饭缭适蔡，四饭缺适秦：据《白虎通·礼乐》篇说，天子一日四餐，诸侯一日三餐。餐时须以音乐劝食，每餐各有奏乐的人。亚饭干，第二餐的奏乐人，此人名干，他去了楚国。三饭缭，第三餐的奏乐人，此人名缭，他去了蔡国。四饭缺，第四餐的奏乐人，此人名缺，他去了秦国。③鼓方叔入于河：鼓是击鼓者，此人名方叔，他入居于河滨。④播鼗（bō táo）武入于汉：播鼗，摇小鼓的乐师，此人名武，他入居于汉水之滨。⑤少师阳、击磬襄入于海：少师名阳者，击磬师名襄者，他们入居于海边。

译文

太师挚去了齐国，二饭乐师干去了楚国，三饭乐师缭去了蔡国，四饭乐师缺去了秦国，打鼓的方叔入居于河滨，敲小鼓的武入居于汉水之滨，少师阳和击磬的襄入居于海滨。

十　周公谓鲁公曰①："君子不施其亲②，不使大臣怨乎不以③。故旧无大故，则不弃也④。无求备于一人⑤。"

注释

①周公谓鲁公曰：此章记周公训示其子伯禽之语。鲁公，周公之子伯禽，封于鲁。②君子不施其亲：君子不疏远他的亲族。③不使大臣怨乎不以：不使大臣抱怨不获所用。④故旧无大故，则不弃也：旧友老臣们如无恶逆等重大罪过，不要遗弃他们。⑤无求备于一人：不要对一个人求全责备。人的才能有限，用人办事，取其专长，不得要求他事事皆能。

译文

周公对鲁公伯禽说："君子不疏远他的亲属，不让大臣们抱怨不被重用。对于旧友老臣，只要没有大的过失，就不要抛弃他们。不要对人求全责备。"

十一　周有八士：伯达、伯适、仲突、仲忽、叔夜、叔夏、季随、季骒①。

注释

①周有八士……季随、季骒：《论语集解》包咸注"周时四乳生八子，皆为显士，故记之耳"。"乳"字作"俱生"讲，就是双胞胎的意思。有一母四次生产，每次生二子，四次共生八子，后来皆成为贤士。

译文

周朝有八位贤士：伯达、伯适、伯突、仲忽、叔夜、叔夏、季随、季骒。

子张篇第十九

一　子张曰："士①见危致命,见得思义,祭思敬,丧思哀,其可已矣。"

注释

①士:此篇所记,都是孔子弟子的言论。子张所说的士,是指在朝之臣。

译文

子张说:"士遇见国家危险时能献出自己的生命,看见利益时考虑是否符合大义,祭祀时考虑是否严肃恭敬,居丧时考虑是否哀伤慎终,做到这样就算可以了。"

二　子张曰:"执德不弘,信道不笃,焉能为有?焉能为亡?"①

注释

①"子张曰"句:执德而不弘扬,信圣人之道而不笃厚,何能说此人有道德,又何能说此人无道德。

译文

子张说:"实行德而不能发扬光大,信仰道而不能忠实坚定,(这样的人)无足轻重,有他不算多,没有他也不算少。"

三　子夏之门人问交于子张①。子张曰:"子夏云何?"对曰:"子夏曰:'可者与之,其不可者拒之。'"子张曰:"异乎吾所闻:君子尊贤而容众,嘉善而矜不能。我之大贤与,于人何所不容?我之不贤与,人将拒我,如之何其拒人也?"

注释

①子夏之门人问交于子张:子夏教门人,交友要谨慎选择,子张则以宽容论交。二人都是学自孔子。古注大都兼取二说,并略加辨别而已。如《论语集解》包咸称交友当如子夏,泛交当如子张。

译文

子夏的学生向子张询问如何结交朋友。子张说:"子夏是怎么说的?"子夏的学生回答道:"子夏说'能相交的就和他交朋友,不能相交的就拒绝他'。"子张说:"和我所听到的有所不同:君子既尊重贤人,又能容纳众人;能够赞美善人,又能同情能力不足的人。如果我是十分贤良的人,那我对别人有什么不能容纳的呢?如果我不贤良,那别人就会拒绝我,又何谈能拒绝别人呢?"

四　子夏曰:"虽小道①,必有可观者焉;致远恐泥,是以君子不为也。"

注释

①小道:小的技艺。

译文

子夏说:"即使都是些小的技艺,也一定有可取的地方。只是恐怕它会妨碍远大的目标,所以君子不去从事这些技艺。"

五　子夏曰:"日知其所亡,月无忘其所能①,可谓好学也已矣。"

注释

①日知其所亡，月无忘其所能：亡，同"无"。学者每日学其尚未闻知的学问，此即"日知其所亡。"知之以后，时时温习，日积月累，不要忘记已经闻知的学问，此即"月无忘其所能。"

译文

子夏说："如果每天都能知道一些以前所不知道的知识，每月不忘复习平日所掌握的东西，就可以算得上是好学了。"

六　子夏曰："博学而笃志①，切问②而近思，仁在其中矣。"

注释

①博学而笃志：博学，学无止境，必须广泛地求学。笃志，将所学的学问记得牢固。一说为志向坚定。②切问：所学有疑难之处，立马请问师友。

译文

子夏说："博学广识而志向坚定，有疑难的问题立即请问师友，并就自己所学寻思其义，仁德就在其中了。"

七　子夏曰："百工居肆以成其事，君子学以致其道①。"

注释

①百工居肆以成其事，君子学以致其道：百工，各种技艺工人。肆，作坊、店铺。各种工匠居于各自的专业场所，才能成就事业。君子必当求学，才能成就君子之道，犹如工居于肆，以成其事。

译文

子夏说:"各种匠师在作坊里来完成自己的工作,君子通过学习来获得他们追求的道。"

八　子夏曰:"小人之过也必文①。"

注释

①小人之过也必文:小人有过,必然文饰,即以不实的言辞掩饰其过失。相反,君子不文过,勇于改过。

译文

子夏说:"小人对自己的过失必定想办法掩饰。"

九　子夏曰:"君子有三变:望之俨然①,即之也温②,听其言也厉。"

注释

①俨然:庄严。②即之也温:和他接近时,觉得他很温和。

译文

子夏说:"君子有三种变化:远望时,神态庄严;来到面前后,发现他温和可亲;听他说话之后,觉得他严厉不苟。"

十　子夏曰:"君子信而后劳其民;未信,则以为厉己也。信而后谏;未信,则以为谤己也。"①

注释

①"子夏曰"句：子夏认为，君子使民、事君，都要以信为先。"厉己"的"己"字是民众自指。"谤己"的"己"字是君主自指。

译文

子夏说："君子必须取得百姓的信任之后再去劳役百姓；没有得到信任，百姓就会以为是在苛待他们。君子必须先取得君主的信任，然后再去规劝他；没能得到信任，（君主）就会以为你在诽谤他。"

十一　子夏曰："大德不逾闲，小德出入可也①。"

注释

①大德不逾闲，小德出入可也：闲，界限。不逾闲就是不超越界限，有防守不失之义。"出入"二字，其义重在"出"字，"出"就是"拦不住"的意思，即有所失之义。子夏这两句话是说，对人不要求全责备，只要大节不亏即可。

译文

子夏说："人在大节上不能超越界限，小节上有些出入是可以的。"

十二　子游曰："子夏之门人小子，当洒扫应对进退，则可矣，抑末也。本之则无，如之何？"子夏闻之，曰："噫！言游过矣！君子之道，孰先传焉？孰后倦焉①？譬诸草木，区以别矣。君子之道，焉可诬也？有始有卒者，其惟圣人乎②！"

注释

①君子之道，孰先传焉？孰后倦焉：君子之道，一说为先王之道，一说为礼

乐大道。②有始有卒者，其惟圣人乎：凡事皆有先后次序，始在先，终在后。而此"有始有卒"的意思，则是指自有始即有终，至终仍不离始，始终一贯而不可分。

译文

子游说："子夏的学生，让他们做些打扫卫生和迎送客人的事情是可以的，但这些不过是末节小事。这些学生没有学到根本的东西，这怎么行呢？"子夏听到后，说："唉！子游的话错了！君子之道先传授哪一项？后传授哪一项？这犹如草和木一样，都是分类区别的。君子之道怎么可以随意歪曲呢？能做到按次序有始有终地教授学生们的，大概只有圣人吧！"

十三　子夏曰："仕而优则学，学而优则仕。"①

注释

①"子夏曰"句：首句"优"字，是"行有余力"之义。此意是说，做官的人办完公事后，若尚有余力须研究学问。后句"优"字，是充足之义。此意是说，学问富足的人应该从事政治，替国民造福。

译文

子夏说:"做官的人,办完公事,尚有余力,一定要去学习;学问丰富的人,应该出来做官,为国民造福。"

十四　子游曰:"丧致乎哀而止①。"

注释

①丧致乎哀而止:子游以为,父母之丧,孝子以能尽哀为止,不能悲哀过度,以免毁伤身体,甚至危及性命。

译文

子游说:"丧礼,只要表示哀伤就够了。"

十五　子游曰:"吾友张也为难能也,然而未仁。"①

注释

①"子游曰"句:此章各注大都贬抑子张为"未仁",恐非经意。

译文

子游说:"我的朋友子张可以说是难得的了,然而还没有达到仁。"

十六　曾子曰:"堂堂乎张也,难与并为仁矣。"①

注释

①"曾子曰"句:曾子说,子张一表人才,仁也学得好,自己不能与他相比。

译文

曾子说:"子张仪表堂堂,仁也学得好,我是不能和他相比为仁的。"

十七　曾子曰:"吾闻诸夫子:人未有自致者也,必也亲丧乎!"①

注释

①"曾子曰"句:曾子说,他听夫子说过,人之常情,未有自致其极者,必遭父母之丧,这才自然地尽情流露。"闻诸夫子"的"诸"字,是"之于"二字的合音字。夫子,孔夫子。"未有自致"的"致"字,作"尽"字讲,或作"极"字讲。

译文

曾子说:"我听老师说过:平常时候,人不可能主动地充分发挥感情,(如果有,)一定是在他的父母去世的时候!"

十八　曾子曰:"吾闻诸夫子:孟庄子①之孝也,其他可能也;其不改父之臣与父之政,是难能也。"

注释

①孟庄子:鲁国大夫仲孙速。孟庄子之父献子,即仲孙蔑,卒于鲁襄公十九年(公元前554年),庄子继位,卒于鲁襄公二十三年(公元前550年),其袭贤父世卿之位历四年之久,用人行政悉依父旧。

译文

曾子说:"我听老师说过:孟庄子的孝,别人也可以做到;但他不变更父亲的僚属及其政治措施,却是难以做到的。"

十九　孟氏使阳肤①为士师，问于曾子。曾子曰："上失其道，民散久矣。如得其情，则哀矜而勿喜。"

注释

①阳肤：曾子弟子。士师，典狱官。孟氏，鲁国下卿。孟氏任命曾子的弟子阳肤为典狱官，阳肤请示曾子。

译文

孟氏任命阳肤为士师，阳肤向曾子请教。曾子说："如今在上位的人离开了正道，百姓们早就离心离德了。你如果得知了罪犯们犯罪的实情，就应当怜悯他们，而不要自鸣得意。"

二十　子贡曰："纣之不善，不如是之甚也。是以君子恶居下流，天下之恶皆归焉。"①

注释

①"子贡曰"句：殷纣王是殷王帝乙之子，暴虐无道，为周武王所伐，而丧天下。子贡以为，纣王的罪恶，不应该如此深重。"是以君子恶居下流。"这句话意思是说，君子居于下流以后，就要像纣王那样承受天下所归的罪恶，所以君子厌恶居于下流。

译文

子贡说："商纣王的暴虐，不像传说的这么厉害。所以君子憎恨居于下流，否则天下一切坏名声都会归到他的身上。"

二十一　子贡曰："君子之过也，如日月之食焉：过也，人皆见之；更也，人皆仰之。"①

注释

①"子贡曰"句：日月之食，日食、月食。本"食"作"蚀"。"过也，人皆见之。"君子有错误时，像日食和月食那样，人人都看得见。"更也，人皆仰之。"君子有过能改，改时人人都仰望他。

译文

子贡说："君子有错误时，好像日食和月食一般：他犯的错误，人人都看得见；改正时，人人都敬仰。"

二十二　卫公孙朝①问于子贡曰："仲尼焉学？"子贡曰："文武之道，未坠于地，在人。贤者识其大者，不贤者识其小者，莫不有文武之道焉②。夫子焉不学？而亦何常师之有？"

注释

①卫公孙朝：朝，卫国大夫。春秋时，鲁、卫、郑、楚各有一名公孙朝，所以此处加"卫"字以别之。②贤者识其大者，不贤者识其小者，莫不有文武之道焉：文武之道既由世人流传，则贤者或不贤者都能记得一部分。贤者，贤能的人。不贤者，不贤能的人。由此看来，不论贤与不贤的人，他们所记忆的或大或小，无不有文武之道。识，音义同"志"，《汉石经》作"志"，记忆之义。

译文

卫国的公孙朝问子贡说："仲尼学习什么？"子贡回答："周文王、周武王的道，并没有崩坏，还留在人间。贤能的人可以了解它的根本，不贤能的人只了解它的细枝末节，没有什么地方是没有周文王、周武王之道的。夫子什么不学呢？又何尝要有固定的师承呢？"

二十三　叔孙武叔①语大夫于朝曰："子贡贤于仲尼。"子服景伯②以告子贡。子贡曰："譬之宫墙，赐之墙也及肩，窥见室家之好③。夫子之墙数仞④，不得其门而入，不见宗庙之美，百官之富⑤。得其门者或寡矣。夫子之云，不亦宜乎！"

注　释

①叔孙武叔：鲁国大夫叔孙州仇，"武"是谥号。②子服景伯：鲁国的大夫。③赐之墙也及肩，窥见室家之好：赐的墙，其高度只有肩膀那么高，在墙外就可窥见里面的室家美好。④夫子之墙数仞：孔子的墙有好几仞高。古注，一仞七尺，或为八尺，或为五尺六寸，其说不一。⑤不得其门而入，不见宗庙之美，百官之富：如果不得其门，进不去，那就看不见宗庙的完美与朝中百官的富盛。

译　文

叔孙武叔在朝廷上对大夫们说："子贡比他的老师仲尼更贤能。"子服景伯把这一番话告诉了子贡。子贡说："拿围墙来作比喻，我家的围墙只有肩膀那么高，一眼就能窥见房屋的美好。老师家的围墙却有几丈那么高，如果找不到门进去，你就看不见里面宗庙的富丽堂皇和百官的富盛。但是能够找到门进去的人并不多。因此，叔孙武叔说这句话，不也是很自然吗！"

二十四　叔孙武叔毁①仲尼。子贡曰："无以为也！仲尼不可毁也。他人之贤者，丘陵也，犹可逾也；仲尼，日月也，无得而逾焉。人虽欲自绝，其何伤于日月乎？多见其不知量也。"

注释

①毁：毁谤。

译文

叔孙武叔诽谤孔子。子贡说："（这样做）是没有用的！仲尼是毁谤不了的。别人的贤德犹如丘陵，还可以超越过去；仲尼的贤德犹如太阳和月亮，是无法超越的。虽然有人要自绝于太阳和月亮，但这对太阳和月亮又有什么损害呢？只是说明他不自量力而已。"

二十五　陈子禽①谓子贡曰："子为恭也，仲尼岂贤于子乎？"子贡曰："君子一言以为知，一言以为不知，言不可不慎也②。夫子之不可及也，犹天之不可阶而升也③。夫子之得邦家者，所谓立之斯立，道之斯行，绥之斯来，动之斯和。其生也荣，其死也哀④，如之何其可及也？"

注释

①陈子禽：孔子弟子陈亢，前有两问，一见《学而》篇，一见《季氏》篇，子禽是其字。他对子贡说，你是谦恭而已，仲尼怎能贤过你呢？子贡听后便知子禽不了解孔子的道德学问。②君子一言以为知，一言以为不知，言不可不慎也：知，同"智"。子贡劝子禽说话要符合事实，不可妄言。③夫子之不可及也，犹天之不可阶而升也：天广大无限，孔子的德学亦无限。④所谓立之斯立……其死也哀：盖古赞圣人之成语，称其德广大，化行如神之妙也。今子贡引而证之。故曰"所谓"。

译文

陈子禽对子贡说："您是在谦虚罢了，仲尼难道能比您更贤能吗？"子贡说："君子能以一句话表现他的明智，也可以以一句话表现他的不明智，所以说话不可以不谨慎小心。夫子的高不可及，正如上天不能够顺着梯子爬上去一样。夫子如果获得封国、封邑，那就会像人们说的那样，以礼教化，百姓就能自立；以德引导，百姓就会奉行；安抚百姓，百姓就会归顺；以乐感动，百姓就会和睦。他在世时誉满天下，去世后备受哀悼，我怎么能赶得上呢？"

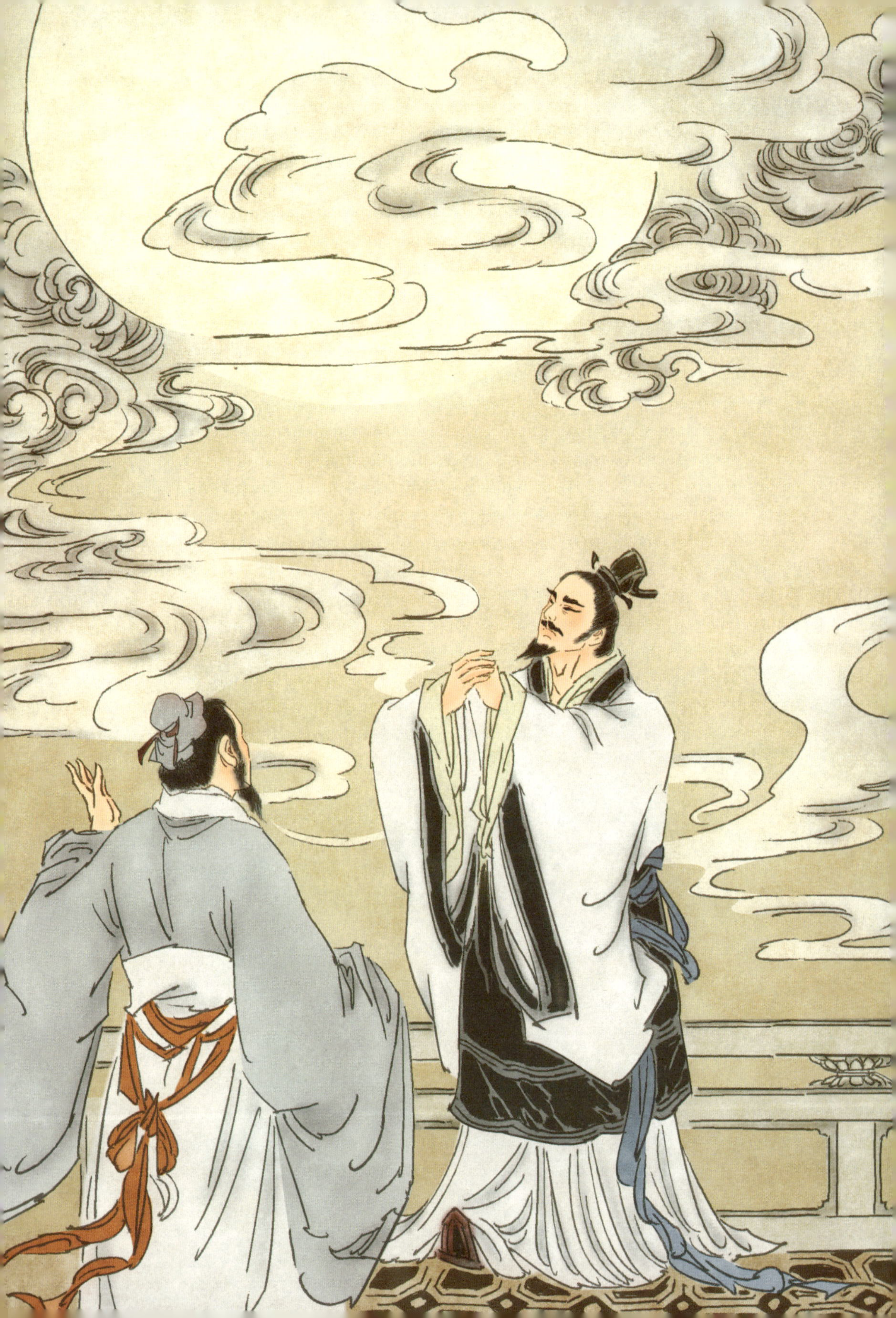

尧曰篇第二十

一　尧曰①："咨！尔舜②！天之历数在尔躬③，允执其中④。四海困穷⑤，天禄永终⑥。"舜亦以命禹。

注释

①尧曰：这是帝尧命舜之辞。②尔舜：尔，汝、你，加在"舜"字前，作语助词用。③天之历数在尔躬：依照天的历数，帝位将落在你的身上。④允执其中：尧命舜，要信实地执持其中道。⑤四海困穷：尧又命舜，要为四海之内的人民解除困穷之苦。⑥天禄永终：最后是尧告诫舜，若天下百姓长处困苦，则上天所赐予的禄位也将不保。

译文

尧说："舜啊！上天的运数已经落在你的身上了，诚实地守持那正道吧。假如天下百姓都困苦贫穷，上天赐给你的禄位也就永远终止了。"舜让位给禹时也这样告诫过禹。

曰："予小子履①敢用玄牡②，敢昭告于皇皇③后帝④：有罪不敢赦。帝臣不蔽，简在帝心⑤。朕⑥躬有罪，无以万方⑦；万方有罪，罪在朕躬。"

注释

①履：商汤之名。②玄牡：玄，黑色。夏代祭祀用牲尚黑，殷尚白，汤在此时，

仍用夏礼,以玄牡为牲。③皇皇:皇,大。皇皇,伟大。④后帝:天帝。⑤有罪不敢赦。帝臣不蔽,简在帝心:桀居帝臣之位,所犯的罪已不可隐蔽,您心里也是晓得的。帝臣,天帝的臣子,这里指夏桀。简作"阅"字讲,简在帝心,就是天帝心里看得很清楚的意思。⑥朕:《尔雅·释诂》:"朕,我也。"⑦无以万方:不要牵连天下万方。

译文

(商汤)说:"我小子履谨用黑色的公牛来祭祀,明明白白地向伟大的天帝报告:有罪的人我不敢擅自赦免。天帝的臣仆(夏桀)的罪责我也不敢掩蔽,请天帝加以监察。我本人要是有罪,不要牵连天下万方;天下万方要是有罪,都由我来承担吧。"

周有大赉①,善人是富。"虽有周亲,不如仁人。百姓②有过,在予一人。"

注释

①周有大赉(lài):周,周朝。赉,作"赐"字讲。②百姓:天下众民。

译文

周朝蒙受上天的恩赐,善人很多。(周武王)说:"虽然是周家至亲,如品行不善,也会被罪黜;虽然不是周家至亲,只要有仁德,我也会重用他。百姓如果有过错,都应该由我来承担。"

谨权量①,审法度②,修废官③,四方之政行焉。兴灭国,继绝世,举逸民,天下之民归心焉④。

注释

①谨权量：谨慎地审定度量衡之制，使民间贸易公平。权，秤。量，斗斛。②审法度：审察礼仪制度，使其各有秩序。③修废官：事必有官，官必有人，人必尽职。④兴灭国，继绝世，举逸民，天下之民归心焉：恢复被灭的诸侯之国，为已绝祀的贤卿大夫立后，举用隐逸的人才，如此，天下的民心自然来归。

译文

认真地检查度量衡，周密地制定法度，人人各尽其职，天下的政令就会通行了。恢复被灭亡了的国家，承续已经断绝了的家族命脉，举用隐逸的人才，天下百姓就会真心归服了。

所重：民、食、丧、祭。①

注释

①"所重"句：帝王应该重视的是民、食、丧、祭四者。人民是帝王为政的根本；重视民食，是为养民；重视丧礼与祭祀，是教民以德。

译文

帝王应该重视：人民、粮食、丧礼、祭祀。

宽则得众①，信则民任焉②，敏则有功③，公则说④。

注释

①宽则得众：宽厚待人，则得众人归附。②信则民任焉：信实待人，则得人民信任。③敏则有功：办事敏捷，则有功绩。④公则说：为政公平，则民心悦服。

译文

宽厚就能得到众人的拥护，诚信就能得到百姓的信任，勤敏就能取得成绩，公平就会使百姓悦服。

二　子张问于孔子曰："何如斯可以从政矣？"子曰："尊五美，屏四恶，斯可以从政矣。"子张曰："何谓五美①？"子曰："君子惠而不费，劳而不怨，欲而不贪，泰而不骄，威而不猛。"子张曰："何谓惠而不费？"子曰："因民之所利而利之，斯不亦惠而不费乎②？择可劳而劳之，又谁怨③？欲仁而得仁，又焉贪④？君子无众寡，无小大，无敢慢，斯不亦泰而不骄乎⑤？君子正其衣冠，尊其瞻视，俨然人望而畏之，斯不亦威而不猛乎⑥？"子张曰："何谓四恶⑦？"子曰："不教而杀谓之虐；不戒视成谓之暴；慢令致期谓之贼；犹之与人也，出纳之吝谓之有司。"

注释

①五美：子张问孔子，怎样才可以从政。孔子说，要尊崇五种美事，摒弃四种恶事，这就可以从政了。子张问，何谓五美。孔子说，君子为政，惠民而不耗费财力，劳民而不招民怨，有欲而非自私之贪，心中安泰而不骄傲，有威仪而不凶猛。②因民之所利而利之，斯不亦惠而不费乎：为政者要了解民之利，并依其不同的利益，制定不同的政策，付诸实施。③择可劳而劳之，又谁怨：此句可以《学而》篇孔子的话解释："使民以时，则又谁怨恨哉。"为政者意图修治沟洫，或养护道路桥梁等，需用民间劳力，应当选在农闲时期役使人民，这样做的话，又有谁怨呢？④欲仁而得仁，又焉贪：君子欲行仁政，便能得仁，此欲便不是贪。⑤君子无众寡，无小大，无敢慢，斯不亦泰而不骄乎：君子待人接物，应当虚心平等。所待之人，无论多数还是少数，也不论是大人物还是小人物，都不怠慢，此即泰而不骄。⑥君子正其衣冠，尊其瞻视，俨然人望而畏之，斯不亦威而不猛乎：君子端正其衣冠，重视外表仪容，令人望之俨然而敬畏，此即威而不猛。⑦四恶：孔子为子张解释："不

教而杀谓之虐。"不先教育人民，只要人民犯罪就杀伐，这叫作虐。"不戒视成谓之暴。"不在事先一再地告诫，而立刻就要看到成果，这就是暴。"慢令致期谓之贼。"政令发布很慢，却限期完成，紧急而刻不容缓，这就是贼害人民。"犹之与人也，出纳之吝谓之有司。"有司，此指小气。

译文

子张问孔子："怎样才能治理政事呢？"孔子说："具备五种美德，摒弃四种恶行，这样就可以治理政事了。"子张问："五种美德是什么？"孔子说："君子要给百姓以恩惠而自己却无所耗费，使百姓劳作而不要让他们怨恨，追求仁德而不贪图财利，庄重但不傲慢，威严但不凶猛。"子张说："什么叫要给百姓以恩惠而自己却无所耗费呢？"孔子说："让百姓们去做对他们有利的事，这不就是对百姓有利而不费力了吗？选择可以让百姓劳作的时间和事情让百姓去做，又有谁会怨恨呢？自己要追求仁德便得到了仁德，又有什么可贪的呢？君子对人，无论人数多少，无论势力大小，都不怠慢，这不就是庄重而不傲慢吗？君子衣冠整齐，重视仪态，见了就让人生敬畏之心，这不就是威严而不凶猛吗？"子张又问："什么叫四种恶行呢？"孔子说："不进行教育便加以杀戮叫作虐；不事先告诫就要求成功叫作暴；政令发布很慢却要求限期完成叫作贼；应该给别人的财物，出手时却很吝啬，叫作小气。"

三　孔子曰："不知命，无以为君子也；不知礼，无以立也①；不知言，无以知人也②。"

注释

①不知礼，无以立也：人不知礼，无从立身。《礼记·礼运》："夫礼，先王以承天之道，以治人之情。故失之者死，得之者生。"由此可见礼的重要性。②不知言，无以知人也：知言，善于分析别人的言语，知言能知人。

译文

孔子说:"不知晓命运,就不能成为君子;不懂得礼仪,就无法立足于世;不知晓言语,就无法了解别人。"

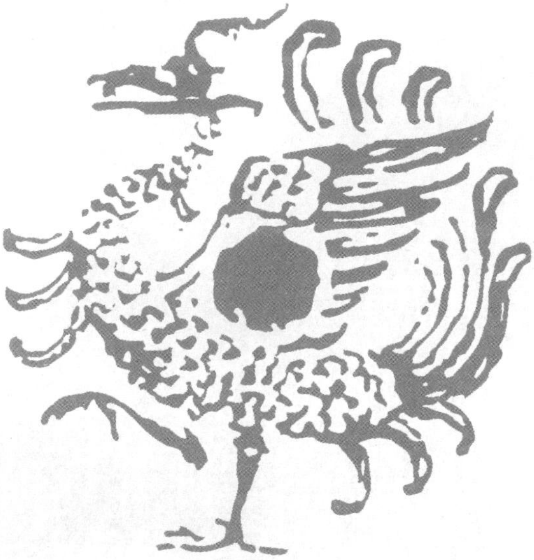

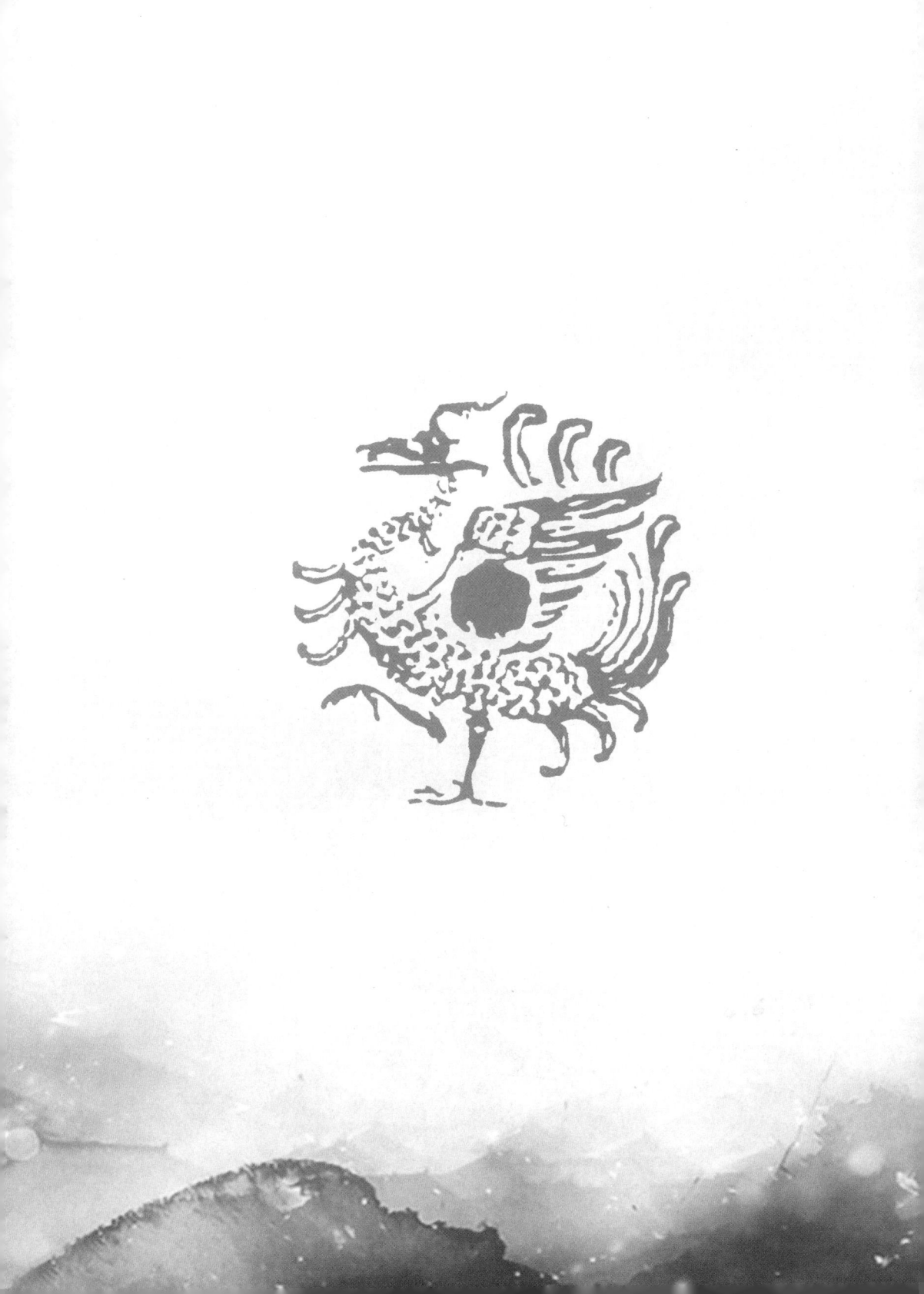

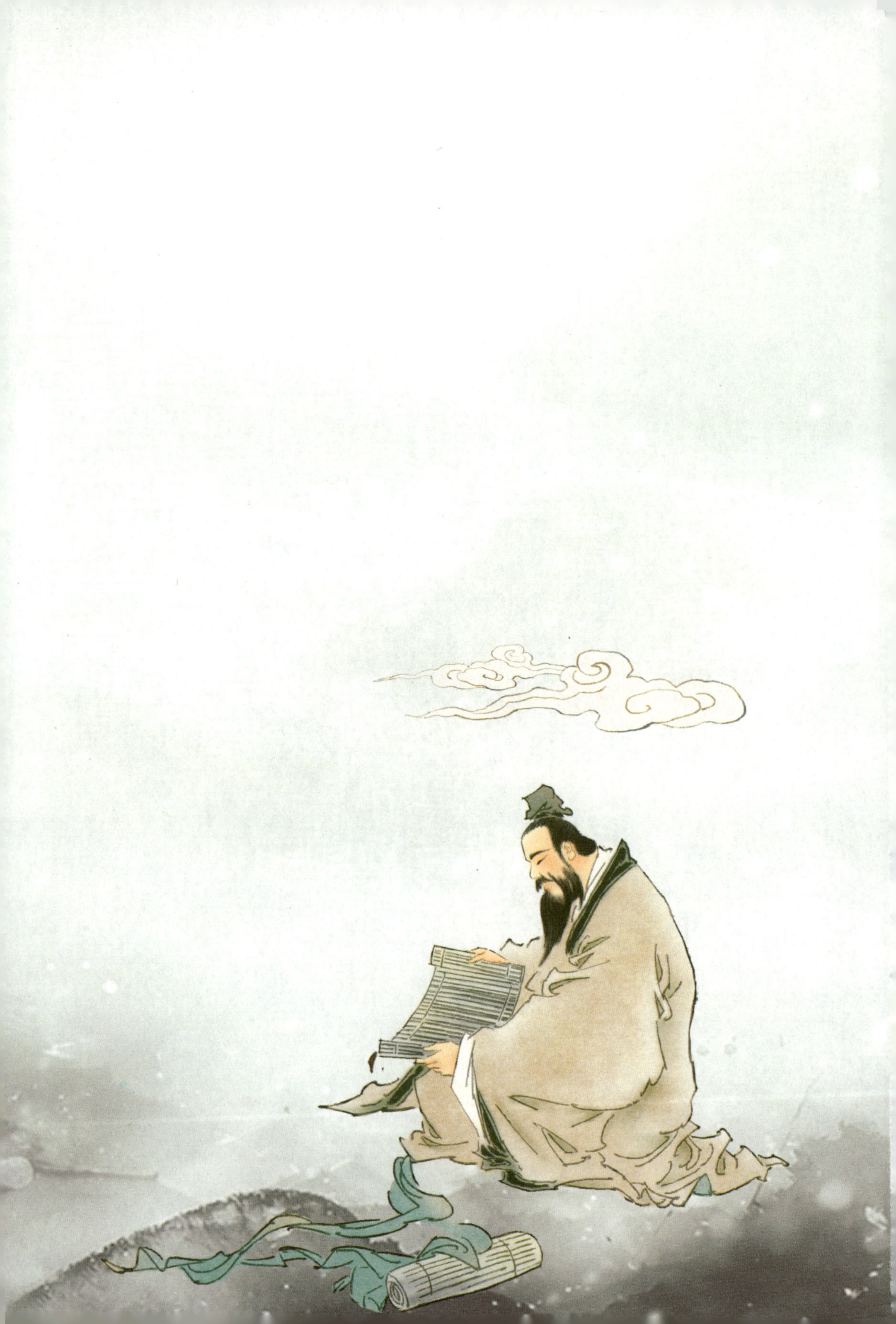